Siegfried Thiele

Lingner, Pfund & andere Renner
Bekannte Gründer Dresdner Unternehmen

VERLAGS- & PUBLIZISTIKBÜRO

Lingner, Pfund & andere Renner. Bekannte Gründer
Dresdner Unternehmen
1. Auflage - Dresden: Verlags- & Publizistikbüro, 2002
ISBN 3-9806990-2-1

Bibliografische Information der Deutschen Bibliothek:
Die Deutsche Bibliothek verzeichnet diese Publikation in der Deutschen
Nationalbibliografie; detaillierte bibliografische Daten sind im Internet über
http://dnb.ddb. de abrufbar.

Lektorat:
Heinz Weise

Titelgestaltung und Bildmontagen:
Günter Finkous, Werbeagentur Löser & Partner

Druck :
Druckhaus Gera GmbH

Vertrieb:
Verlag DIE SCHEUNE GbRmbH
Martin-Luther-Straße 8, D - 01099 Dresden
Telefon / Telefax 03 51 - 8 02 57 54

© 2002 by Verlags- & Publizistikbüro
E-Mail: verlag-weise@t-online.de

Siegfried Thiele

Lingner, Pfund & andere Renner

Bekannte Gründer Dresdner Unternehmen

VERLAGS- & PUBLIZISTIKBÜRO

Inhalt

DIE BÜRGER MACHEN EINE STADT,
NICHT DIE RINGMAUERN.

Karl Friedrich Wilhelm Wander, Deutsches Sprichwörter-Lexikon

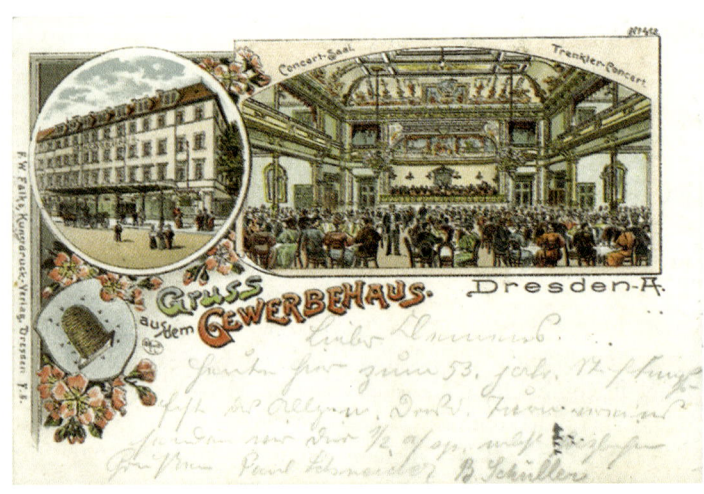

Schon 1834 wurde Dresdens Gewerbeverein gegründet, dessen Veranstaltungen zu den Höhepunkten im kulturellen Leben der Stadt zählten. Im Konzertsaal des 1870 an der Ostra-Allee eröffneten Gewerbehauses sorgte der Verein für eine bürgerliche Musikpflege, indem er die nachmalige Dresdner Philharmonie an sein Haus band.

ZUM GELEIT

BEKANNTE GRÜNDER DRESDNER UNTERNEHMEN!
Der Titel interessiert sicher nicht nur Alteingesessene unserer Stadt,
die das Wirken solch legendärer Pioniere wie Arnhold oder Bienert,
Güntz oder Lingner, Renner oder Sarrasani noch selbst erlebt haben.
Er wird wohl auch Jüngere wie Zugereiste ansprechen, die mehr über
das wahrlich glanzvolle Kapitel einstigen Dresdner Gewerbe-,
Handels-, Technik- und Kunstgeistes erfahren möchten.

Auch ich betrachte das Buch als Gewinn für uns alle. Nicht nur,
weil es ein wichtiges Zeitzeugnis darstellt, sondern weil es geeignet ist,
Heutige dazu anzuregen, jenen engagierten Firmengründern nachzu-
eifern. Hängt das weitere Aufblühen und Gedeihen unserer schönen
Stadt am Strom doch auch und gerade von zunehmendem Wirt-
schaftsaufschwung und davon ab, dass auch gegenwärtige Unternehmer etwas für Dresdens Wohl unternehmen.

So liegt es nahe, dass ich dem Titel, der in Vorbereitung des
800jährigen Jubiläums unserer Stadt im Jahre 2006 erscheint,
viel Erfolg wünsche.

Ingolf Roßberg
Oberbürgermeister der Landeshauptstadt Dresden

Karl August Lingner

HYGIENE-GENIE
MIT FAIBLE FÜR KUNST

An der Elbmauer zur Villa Stockhausen befindet sich das Mausoleum für den „Odol-König" Karl August Lingner (1861-1916). Dort war auch des Schlossherrn Lieblingsplatz. Als dieser später, kränkelnd und geschwächt, die steilen Stufen am Hang nicht mehr zu nehmen vermochte, ließ er sich eine Standseilbahn bauen für acht Personen. Sie verkam wie heute das gesamte Anwesen kurz nach Lingners Tod. Mit ein wenig Phantasie erkennt man noch die als Schuppen getarnte „Bergstation".

Ehemaliger Fabrikhof der Lingner-Werke AG an der Nossener, Ecke Zwickauer Straße (links).

Das Fresco-Gemälde „Empfangsszene" des Venezianers Francesco Montemezzano, das Lingner 1913 für seine Sammlung erwarb und testamentarisch der „Königlichen Gemälde-Galerie" zukommen ließ (rechts).

Plakat der Internationalen Hygieneausstellung 1911 in Dresden (unten).

Themenausstellung „Der neue Mensch" im heutigen Hygiene-Museum (Seite 12).

Steil nach oben zum Karrieregipfel und in Ruhmeshöhe führte auch Karl August Lingners Lebens-„Bahn". Der Multimillionär begann 1888 ganz unten als Gartenlauben-Laborant in der Wölfnitzstraße nahe des Güterbahnhofes Friedrichstadt. Er beschäftigte drei Mitarbeiter und fertigte zunächst Rückenkratzer und Stiefelzieher. Das große Geld im großen Werk an der Nossener Straße brachte dort ab 1897 sein Mundwas-

ser „Odol" in jener seltsamen Flasche mit dem Seitenhals. Bald war es „in aller Munde" – wie auch Lingners Name.

Es ist kaum möglich, all die Leistungen und Verdienste des Unternehmers aufzulisten. Ihm verdankt Dresden vor allem eine der ersten deutschen Säuglingsstationen, die Zentralstelle für Zahnhygiene, eine Desinfektionsanstalt, die erste Lesehalle in der Stadt, das Serumwerk und nicht zuletzt die Sonderausstellung

„Volkskrankheiten und ihre Bekämpfung" während der Städtebauausstellung 1903.

Deren Erfolg beflügelte Lingner zu seinem Lebenswerk, der „Internationalen Hygiene-Ausstellung" 1911 und zur Vision für ein „Hygiene-National-Museum" in Dresden. Der Unternehmer machte sich aber auch als großzügiger Kunstmäzen einen Namen, hatte Anteil am Bau des Königlichen Schauspielhauses 1913 an der Ostra-

Die von Lingner erworbene Villa Stockhausen, Elbseite.

Allee. Seine Exzellenz, der Königlich Sächsische Wirklich Geheime Rat, Komtur und Ritter hoher Orden, Kommerzienrat und Ehrenbürger der Stadt Dresden, Dr. h.c. Karl August Lingner, konnte es sich im Jahre 1906 leisten, seine Prachtvilla in der Leubnitzer Straße mit einem Schloss zu tauschen. Er erwarb die Villa Stockhausen, die kleine Schwester des Schlosses Albrechtsberg, vom Sohn des Dresdner Fabrikanten Bruno Naumann. Kein Geringerer als Wilhelm Kreis, der spätere Architekt des Hygiene-Museums, gestaltete die Villa nach den Wünschen des Hausherrn mit gewissen Extravaganzen um. In die große Jehmlich-Orgel im Festsaal zum Beispiel ließ Karl August Lingner ein Spezialtelefon einbauen, damit er sein Spiel auf Wunsch und Nachfrage im Freundeskreis übertragen konnte.

Karl August Lingner erreichte nahezu alles in seinem allerdings nicht sehr langen Leben. Allein den Adelstitel, möglichst über ein „von" hinaus, versagte ihm der andere August vom Schlosse in der Stadt. Das Genie Lingner hatte noch weitere Vorlieben, die Burgruine Tarasp im Engadin zum Beispiel. Seine ganz große Liebe aber hieß Dresden, und so vermachte er neben einer 10-Millionen-Mark-

Deutsches Hygiene-Museum Dresden, Luftbild 1931.

Stiftung das gesamte Anwesen Stockhausen der Stadt. In einem Vermächtnis verfügte Lingner, ein jeder dürfe den Park betreten, und im Schlosse sei eine Gaststätte einzurichten wie weiland „Findlaters Weinberg" mit Angeboten zu erschwinglichen Preisen.

Doch zu erschwinglichen Preisen ist das zunehmend marode „Lingner-Schloss" heute weder zu erwerben, noch zu sanieren.

Meinhold's Führer

durch

DRESDEN

zu seinen

Kunstschätzen, Umgebungen

und in die

Sächsisch - Böhmische Schweiz.

Mit vielen Illustrationen,

sowie

einem Plane von Dresden, einer Karte: die Sächs.-Böhm. Schweiz
und zwei Routenkärtchen.

16. Auflage.

Dresden.

Druck und Verlag von C. C. Meinhold & Söhne,
Königl. Hofbuchdruckerei.

1881

Carl Christian Meinhold & Söhne

KÖNIGLICHE HOFBUCHDRUCKER

Nach 110 Jahren brachte der Braunschweiger Verlag Michael Kuhle einen Neudruck von „Meinhold's Führer durch Dresden" aus dem Jahre 1881 auf den Markt zurück, eine „ ganz vorzügliche Anleitung zum genussreichen Besuch der weltberühmten Sammlungen Dresdens" sowie seiner landschaftlichen Schönheiten. Der Leser erfährt, dass sich „Redaction und Verlagsbuchhandlung" damals auf der Moritzstraße 15 befanden. Wer

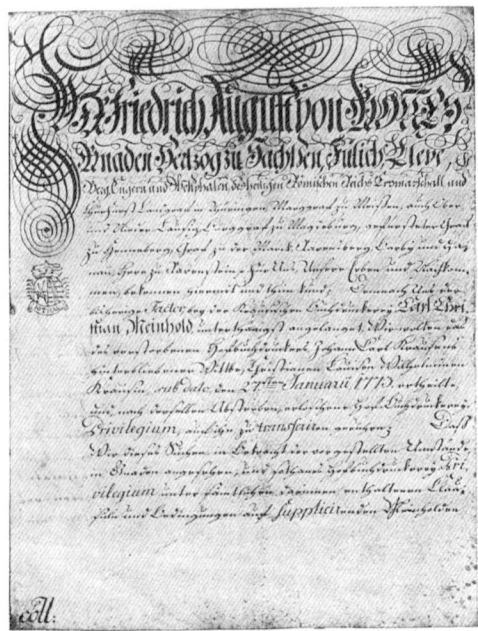

mehr über das vielseitige Schaffen der königlichen Hofbuchdrucker für Dresden wissen möchte, wird in den Bibliotheken kaum fündig werden. Es ist das Verdienst der TU-Studenten Ramona Schäfer und Torsten Tietze, mit Geduld und Akribie die Verlagsgeschichte der Meinholds rekonstruiert zu haben.

Carl Christian Meinhold (1740-1827) entstammte einer Bergmannsfamilie aus Marienberg, besuchte dort das Lyceum und nahm anschließend in Leipzig eine Buchdruckerlehre auf. 1763 kam Meinhold nach Dresden, arbeitete zunächst in der Ratsdruckerei von Heinrich Wilhelm Harpeter und fand dann Anstellung in der Stössel-Krauseschen Hofbuchdruckerei. Dort machte er rasch Karriere, setzte sich bald an die erste Stelle der Gehilfenschaft, stieg nach dem Tod Karl Krauses zum Geschäftsführer auf und kaufte nach fünf Jahren schließlich die Druckerei.

Später, 1783, erwarb Meinhold das Privileg eines Hofbuch-druckers, was ihm sämtliche lukrativen Aufträge des Staates einbrach-te. Das Unternehmen expandierte. Um die Jahrhundertwende besaß es 15 Handpressen und beschäftigte 50 Mitarbeiter.

1809 nahm der Senior seine drei Söhne in die Firma auf. Das Ver-lagshaus hieß fortan „ C.C. Meinhold & Söhne", trug den Titel des königlichen Hoflieferanten in unser Jahrhundert hinein, blieb in Fa-milienbesitz und machte sich vor allem nach 1880 auch um die Her-stellung von Karten, Reiseführern und Schulwandbildern verdient. Neben dem Geschäftshaus in der Moritzstraße besaßen die Meinholds ein Verlagsgebäude in der Zinzendorfstraße und eine Druckerei mit chemigraphischer Anstalt in der Schandauer Straße.

Den Bombenangriff von 1945 überstanden nur die Gebäude auf der Schandauer Straße, wo nach dem Krieg bescheiden weiter gear-beitet wurde. Dann endete die Geschichte des, bestünde es noch, über zweihundertjäh-rigen Dresdner Druck- und Verlagshauses. Die neuen Machthaber ent-eigneten Dr. Julius Lo-renz Hermann Meinhold und verurteilten ihn als Kriegsverbrecher.

Die ehemalige Druckerei „Meinhold & Söhne" zwi-schen Schandauer und Glas-hütter Straße (heute Büro-haus), in der u.a. Karten, Rei-seführer und Schulwandbilder gedruckt wurden.

DIE AHNEN DER ORGELBAU-DYNASTIE JEHMLICH

Da, wo Silbermann aufhörte", lobte Kreuzkirchenorganist Johann Schneider im Jahre 1832 den Orgelbauer Gotthold Jehmlich, „ist der Meister imstande fortzusetzen." Der Dresdner Rat hatte die Brüder Gotthelf und Gotthold Jehmlich, die 1808 in Neuwernsdorf im Erzgebirge einen Orgelbaubetrieb gegründet und mit der Orgel zu Lauenstein 1818 für Aufsehen gesorgt hatten, 1825 mit der Erneuerung der Kreuzkirchenorgel beauftragt. Es galt, aus der „mangel- und ganz fehlerhaften Konstruktion" der Gebrüder Wagner aus Suhl wieder eine wahre „Königin der Instru-

Orgelbau-Arbeitsgänge (oben, Mitte und unten).

Die Jehmlich Orgelbau Dresden GmbH, seit 1897 auf der Großenhainer Straße 32 (rechts).

Jehmlichs Jubiläumswerk: die Orgel mit klingenden Porzellanpfeifen (Seite 22).

Gotthelf (Seite 23, oben) und Gotthold Jehmlich.

mente" zu formen. Da die Arbeiten langwierig sind, bittet Gotthelf Jehmlich um Erteilung des Bürgerrechts der Stadt. In einem Geschicklichkeitsattest bescheinigt das Amt Lauenstein, man habe über den Orgelbauer nur das beste Lob vernommen, und auch mit dessen moralischem Verhalten könne

man vollkommen zufrieden sein. Und so werden die Jehmlichs 1826 in Dresden ansässig.

Gotthelf (1778 -1827) stirbt noch vor der Vollendung des ehrenvollen Auftrages. Gotthold (geb.1781) avanciert zum Sächsischen Hoforgelbauer und widmet sich der Erneuerung weiterer historischer Orgeln Dresdens. 1833 verhilft er, unterstützt von Schwager Jeheber, der maroden „Dreikönigsorgel" wieder zu „Kraft, Klarheit und Gleichheit". Zehn Jahre darauf widmet sich Meister Jehmlich der umfänglichen

Reparatur der Silbermannorgel der Frauenkirche, ersetzt u.a. verstümmelte und die vermutlich entwendeten tieferen Schallbecher. Man sagt ihm nach, er gebe nichts aus den Händen, bis ihm die Arbeit vollkommen und auf das Sorgfältigste gelungen sei. Unter seiner Regie nimmt 1837/43 ein weiteres Werk Gestalt und Klang an, die große Orgel in der St. Johanniskirche zu Zittau. Dabei wird Meister Jehmlich von seinem außerordentlich begabten Sohn Julius unterstützt, der 1858 stirbt.

Als der Vater ihm vier Jahre später folgt, übernimmt Neffe Karl Eduard Jehmlich die Firma. Er ist ein Sohn Gottliebs (1786 -1867), des „Zwickauers", der als „gewissenhaft, fleißig, langsam" und als „ein Mann der Schablone" gilt, stets dem Vorbild Silbermann ergeben. Orgeln in St. Marien und St. Katharinen zu Zwickau sowie in Kirchen von Oschatz oder Auerbach im Vogtland zählen zu Gottliebs Werken. Karl Eduards Söhne Emil und Bruno führen  den Betrieb nach dem Tod des Vaters 1889 weiter und beziehen 1897 das Grundstück Großenhainer Straße, wo noch heute der älteste Orgelbaubetrieb Sachsens, nunmehr in fünfter Generation und über 175 Jahre in Dresden, erfolgreich zu Gange ist.

Horst Jehmlich leitet heute den seit 1990 reprivatisierten Betrieb. Zur Jahrtausendwende restaurierte seine Firma in der Stadtkirche zu Lauenstein die älteste noch vorhandene Jehmlich-Orgel der Gründergeneration. Zu gleicher Zeit gelingt den Orgelbauern in Zusammenarbeit mit der Porzellanmanufaktur Meißen ein außergewöhnliches Jubiläumswerk. Sie erfüllen einen „Auftrag" von August dem Starken und schaffen eine Orgel mit klingenden Porzellanpfeifen.

Heinrich Wilhelm Calberla

DAMPFSCHIFF
MIT ZUCKER

Dresden darf sich rühmen, einer der beiden Endpunkte der ersten deutschen Fernbahnstrecke zu sein. Vier Jahre zuvor, am 20. Februar 1835, bestaunten die Elbestädter bereits ein anderes dampfbetriebenes Verkehrsmittel, ein Schiff, das mit Gütern von Hamburg kam. Calberla hieß der Eigner. Mit zwei Leistungen hat sich der rührige Unternehmer auf Dauer in das Gedächtnis der Stadt eingeschrieben. Er errichtete die erste sächsische Zuckersiederei an der Stelle des späteren Hotels Bellevue an der Elbseite vom Theaterplatz. Und er ließ noch vor Johann Andreas

*Heinrich Wilhelm Calberlas ehemalige Zuckersiederei am Theaterplatz (oben)
und die Büste seines Sohnes, des Kaufmanns Moritz Calberla (Seite 27).*

Schuberts legendärem Personenschiff „Königin Marie" in Krippen
den erwähnten Frachtdampfer bauen.

Heinrich Wilhelm Calberla, 1774 in Walle bei Braunschweig geboren, ging als Drechslergeselle „auf die Walze" und ließ sich 1800
in Dresden einbürgern. Calberlas zweite Ehefrau, Friedrike Schüßler,
war die Tochter eines wohlhabenden Seifensieders und Wachs-
fabrikanten. So gesellte sich zu Calberlas Tüchtigkeit bald Vermögen, und die Arbeiten des hoch angesehenen Kunstdrechslers, wie
Laternenhorn, Tabakspfeifen, Brettspielsteine, aber auch Stein-
plattenbelag für die Fußgänger auf der Seestraße, fanden begehrten
Absatz.

In Calberla, so schätzten Zeitgenossen den Unternehmer ein, sei
eine Kraft gewesen, die über Hergebrachtes hinausstrebte, und er
habe die Gabe besessen, fernliegende Verhältnisse zu erfassen. Und
so sah sich Calberla in Leipzig zur Messe um und studierte zunächst
den europäischen Markt und die Branche, bevor er seinen Traum

28

Gedenkstein zum von Moritz Calberla initiierten Bau der Calberlastraße in Loschwitz.

von der Zuckerfabrik 1817 zu verwirklichen begann. Das von der sächsischen Regierung mit einem Monopol privilegierte Unternehmen setzte sich gegen den Widerstand der Dresdner Kaufmannschaft durch, die bislang vom europäischen Zuckerhandel profitiert hatte. Als Sachsen 1833 dem Zollverein beitrat, verdoppelte sich die Produktion, und der Name Calberla wurde immer populärer. Besonders geschätzt sein Sirup gegen die Vertrocknung der Luftröhre.

Der auch auf kommunalem Gebiet aktive Fabrikant rühmte sich gern der Gemeinnützigkeit seiner Bestrebungen. Darüber witzelte der Volksmund, die Buchstaben „WSON" auf Calberlas Wetterfahne bedeuteten „Wir Sieden Ohne Nutzen". Als unrentabel erwies sich auf Dauer Calberlas Zucker-Dampfer, und nach seinem Tod 1836 verkam auch bald die Fabrik. Der Sächsische Kunstverein nutzte das Gebäude für Ausstellungen, bevor es 1853 von den Erben verkauft wurde. Calberlas Grab befindet sich auf dem Inneren Neustädter Friedhof, das Loschwitzer Wohnhaus auf der nach ihm benannten Straße Nr.5.

Rudolf Sigismund Blochmann

DRESDENS
ERSTER GASMANN

Seit 1874 schon verläuft die Blochmannstraße vom heutigen Straßburger Platz zur Pillnitzer Straße. Welcher Blochmann war der Namensgeber? Karl Justus, der Pädagoge und Rektor des Vitzthumschen Gymnasiums, Bruder Rudolf Sigismund, der Techniker und Erfinder, oder gar dessen Sohn, der spätere Direktor des Berliner Gaswerkes? Richtig, was kann der Sigismund dafür, dass er geehrt wird? Die umfassende Antwort darauf gab zu Jahresbeginn 2 001 eine Sonderausstellung des Stadtmuseums Dresden: „Familie Blochmann – Unternehmer und Erfinder".

Dresdens erstes, 1828 errichtetes Gaswerk hinter dem Theaterplatz.

Sigismund B. wurde 1784 in Reichstädt bei Dippoldiswalde als erstes Kind eines Pfarrers geboren. Acht Geschwister folgten ihm. Sigismund wurde von einem Hauslehrer im Pfarrhaus erzogen. Als der Vater starb, zog die Witwe mit ihren Kindern nach Dresden. Nach einer Lehre bei einem Mechaniker am Palaisplatz ging der wissensdurstige junge Mann im Jahre 1806 an das berühmte Mathematisch-Mechanische Institut nach München, wo er vor allem auf dem Gebiet der Optik unter J.Fraunhofers Leitung sein außergewöhnliches Talent entfaltete. Er installierte in einer Sternwarte im ungarischen Buda größere astronomische Geräte, konstruierte Trocken- und Verpackungsapparate für eine Tabakfabrik in Benediktbeuren und richtete ein Marmorschneidewerk in Tegernsee ein. Um 1817 gelangen ihm die ersten Versuche zur Leuchtgaserzeugung.

1818 folgte Blochmann einem Ruf nach Dresden und übernahm zunächst das Amt des Oberinspektors des Mathematisch-Physikalischen Salons sowie der Kunstkammer. Die ersten deutschen Gaswerke in Hannover und Berlin (1926) wurden von Engländern betrieben. Blochmann errichtete auf der Bastion des Zwingerwalls allein mit einheimischen Arbeitern und unter Verwendung hiesiger Werkstoffe die erste deutsche Gasanstalt, die 1828 zunächst 72 Gaslaternen speiste, und er überwachte die Beleuchtung des Hoftheaters. Blochmann, der erste Gasmann von Dresden! Weitere Gaswerke errichtete Blochmann in Leipzig, Breslau und Berlin.

Zwischen 1834 und 1851 widmete sich das vielseitige Technik-Genie der Verlegung der neuen Dresdner Trinkwasserleitung. Dabei ließ er die hölzerne Leitung durch ausgebohrte Sandsteinröhren ersetzen. Die Röhren der sogenannten Blochmannschen Wasserleitung stellte er im eigenen Gesteinsbohrwerk in der Nähe des Sachsenplatzes her. Gemeinsam mit seinem Sohn Moritz Sigismund (1820-94) betrieb er außerdem noch eine Maschinenfabrik.

Kommissionsrat Rudolf Sigismund Blochmann starb im Mai 1871. Mit ihm verlor die Stadt einen der verdienstvollsten Techniker, Erfinder und Unternehmer des 19. Jahrhunderts. Auch den Beifall der Wissenschaftler und der Regierung fand Blochmann 1827 für eine ausführliche Denkschrift zur Errichtung einer technischen Bildungsanstalt, die ein Jahr darauf im Pavillon auf der Brühlschen Terrasse gegründet wurde. Als Blochmanns Lebensleistung gilt neben zahlreichen technischen Erfindungen und Verbesserungen die Begründung der deutschen Gaslampenindustrie.

Blochmann'sches Sandsteinrohr, Dresden 19. Jahrhundert.

Friedrich Struve

GESUNDHEITS-GARTEN MIT SPRUDEL

So manche Weltneuheit kam aus den Experimentierstübchen historischer Apotheken Dresdens und dessen Umland. In der Löwenapotheke am Altmarkt drückte von Mayenburg auf die Chlorodont-Tube. In einer Kötzschenbrodaer Apotheke drehte Ilgen seine Mäusepillen. Und in der Salomonisapotheke am Neumarkt ließ Dr. Struve das weltweit erste künstliche Mineralwasser sprudeln.

Wie sollte es schmecken und beschaffen sein? Carlsbader, Theresienbrunnen, Emser oder Pyrmonter Brunnen, Selters? Bitteschön! Dr. Struve machte es möglich mit „wohlgelungenen Nachahmungen" stiller oder perlender Mineralwässer aus ganz Europa.

Friedrich Adolf August Struve wurde 1781 in Neustadt / Sachsen geboren. Der Arztsohn besuchte die Fürstenschule St. Afra und studierte anschließend in Halle und Leipzig Medizin. 1803 ließ er sich zunächst als Arzt und Apotheker in Stolpen nieder. Zwei Jahre darauf kam er nach Dresden, wo er in die angesehene Salomonisapotheke am Neumarkt, Ecke Pirnaische Gasse „einheiratete". Die „Apotheke zum Salomon" hatte 1742 als erster Johann Christian Stengel mit Konzession von Friedrich August II. gepachtet.

Struve gab als Arzt auf und begann in seiner Apotheke auch zu experimentieren. Bei einem Versuch mit Blausäure nahm Struve so schweren Schaden, dass er sich wiederholt zu Mineralkuren nach Karlsbad und Marienbad begeben musste. Dabei kam ihm die Idee, Mineralwasser künstlich herzustellen, was ihm 1820 mit Hilfe des vielseitigen Technikers und Maschinenfabrikanten Rudolf Sigismund Blochmann („Blochmannsche Wasserleitung") auch gelang. In der

Seevorstadt entstand seine „Kgl. Sächs. concessionierte Mineralwasseranstalt", zu der sich bald ein Gesundheitsgarten hinzugesellte. Zeitweilig labten sich in Dr. Struve's Anstalt bis zu 600 Kurgäste, denen auch Dampfbäder und Duschen zur Verfügung standen.

In mehreren deutschen Städten entstanden Struve'sche Anstalten. Der Mineralwasserfabrikant genoss hohes Ansehen in der Residenzstadt. Sein soziales Engagement führte 1833 zur Berufung als Stadtverordneter. Während einer Reise nach Berlin 1840 verstarb Friedrich Struve. Er wurde in der Familiengruft auf dem Trinitatisfriedhof beigesetzt. Die repräsentative Villa Struve auf der Prager Straße, später auf die Wiener Straße 33 umgesetzt und 1945 zerstört, hatte 1851-52 Hermann Nicolai für den Sohn und Nachfolger des Mineralwasserkönigs, Gustav Adolf Struve (1812-89), errichtet.

Haupteingang der für den Mineralwasserfabrikanten Struve auf der Prager Straße 18 von Hermann Nicolai 1851-52 errichteten Villa. Auf italienischen Renaissance-Villen, Dresdner Barockbauten und zeitgenössischer französischer Landhausarchitektur fußend, wurde das Vorbild oft variiert. 1945 zerstört.

CHOCOLAT DE MÉNAGE

DES FABRIQUES DE
JORDAN & TIMAEUS
FOURNISSEURS DE LA COUR IMPÉRIALE ET ROYALE

Die Herzlichsten
Grüße von
Resie Koch
12/10
1910 Innsbruck

Ernst Albert Jordan

VATER DER DAMPFSCHOKOLADE

Dresdens Schokoladenseite: Keine deutsche Stadt brachte um die Jahrhundertwende 1899/1900 mehr Schokolade und artverwandte Süßigkeiten auf den Markt als Elbflorenz. So nannten sich die Schokoladenmacher aber erst seit dem Zugriff des Staates nach 1945. Nein, um 1900 war Hartwig & Vogels „Tell" Trumpf oder Riedel & Engelmanns „Schwerter"-Tafeln.

Die erste „Chokoladen und Cichorienfabrik" gründeten jedoch Gottfried Heinrich Christoph Jordan und August Friedrich Chri-

stian Timaeus bereits 1823 zwischen der Königsbrücker und Alaunstraße. Für diesen Standort in der Elbe-Stadt hatte nicht zuletzt
Calberla mit seiner ersten sächsischen Zuckersiederei einen Grundstein gelegt. Nachdem „Jordan & Timaeus" auf Dampfkraft umge-
stiegen waren, boten sie 1839 Dampfschokolade zu einem Taler pro
Pfund an.

Nach Jordans Tod 1860 übernahm Sohn Ernst Albert das „um-
fangreichste industrielle Etablissement Dresdens und zugleich das
größte seiner Art in Deutschland." Im böhmischen Bodenbach entstand ein Zweigwerk, und
das süße Unternehmen
avancierte zum sächsi-
schen und österreichi-
schen Hoflieferanten.

Das von Ernst Albert Jordan finanzierte und
1871-73 erbaute Königliche Schauspielhaus
(„Alberttheater") in der Dresdner Neustadt, das
1936-45 „Theater des Volkes" hieß .

Doch Jordan jun. hat
sich nicht nur als Freund
aller Naschkatzen einen
Namen gemacht. Im Ver-
waltungsbericht für das
Jahr 1877 sah Oberbür-
germeister Stübel für seine Stadt das „Bild rüsti-
gen Vorwärtsstrebens".
Zu verdanken hätte dies Dresden dem schaffensfrohen Geist jener
Jahre des nationalen Aufschwungs und zahlreichen Männern, die
sich „den städtischen Angelegenheiten mit hingebendem Eifer widmeten." Einer von ihnen war der Vizevorsteher der Stadtverordneten und Geheime Kommerzienrat Ernst Albert Jordan. Beim Aus-
scheiden aus dieser Körperschaft 1878 wurde er zum Ehrenbürger
Dresdens ernannt.

Der Fabrikant und Kommunalpolitiker hatte sich vor allem für die
Wasserversorgung der Stadt eingesetzt und das Vorhaben von Inge-
nieur Salbach gefördert, natürlich filtriertes Grundwasser aus der
Elbaue an der Saloppe zu gewinnen. Mit Dampfkraft wurde es in

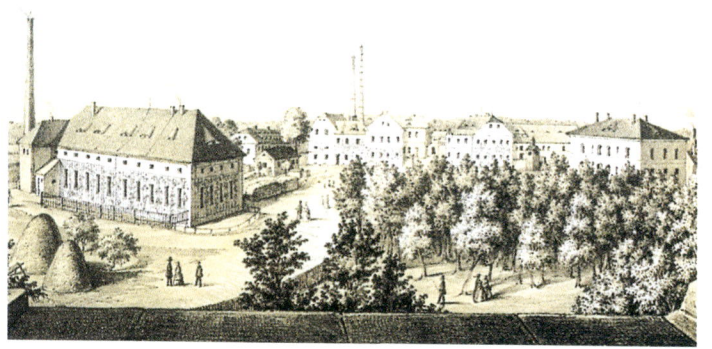

Die Schokoladenfabrik von Jordan und Timaeus, Lithographie um 1855.

Hochreservoirs gepumpt und von dort aus unter natürlichem Druck der Stadt zugeführt. Jordan galt aber auch als „Vater des Alberttheaters". Seine Aktiengesellschaft finanzierte den Neorenaissance-Bau 1871-73 nach Entwürfen von Bernhard Schreiber. Beispielgebend für jene Zeit war auch das soziale Wirken des Unternehmers. So ließ er für seine Stammarbeiter Werkswohnungen errichten. An den Ehrenbürger Jordan (1831 -1892) und seinen Kompagnon erinnert ein Straßenpaar am ehemaligen Werksgelände.

Die Kreutzkamms

SEIT 120 JAHREN
AM ALTMARKT

Fünf Tage nach der Bombennacht vom 13. Februar 1945 sei
er von der Front zurückgekommen und habe von seinem
Haus am Altmarkt nur noch Trümmer vorgefunden, schrieb
Fritz Kreutzkamm (1902 - 1981) in seiner kleinen „Chronik des Hauses". „Das Geschäftshaus war restlos zerstört, fünf treue Mitarbeiter
waren darin umgekommen... Damit war das Lebenswerk von vier
Generationen innerhalb von 90 Minuten vernichtet."

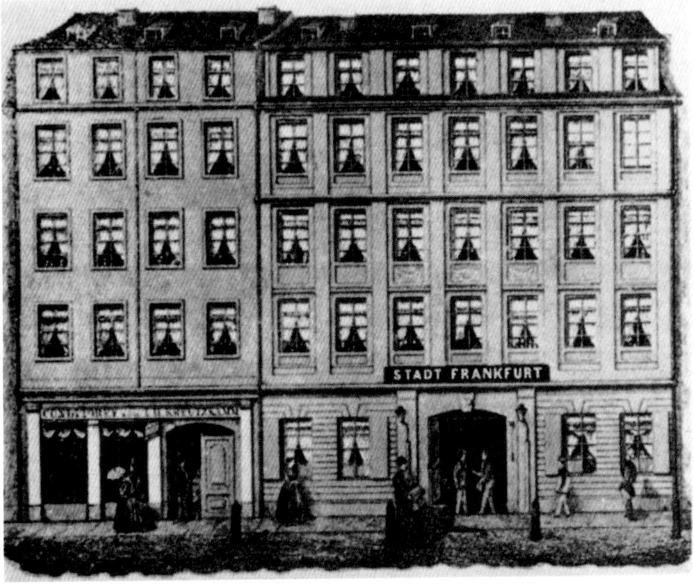

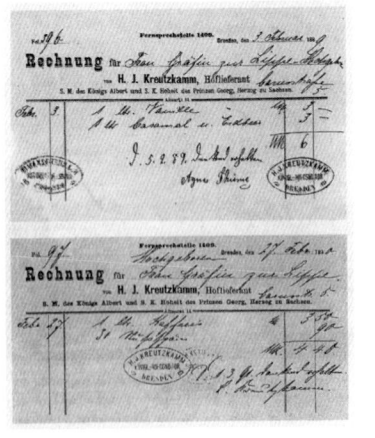

Conditorei Kreutzkamm, Moritzstraße 751, Parterre und IV. Etage, Altdresden um 1860.

Fernsprechstelle 1409. Dresden, den

Rechnung für

von H. J. Kreutzkamm, Hoflieferant

S. M. des Königs Albert und S. K. Hoheit des Prinzen Georg, Herzog zu Sachsen.

Fernsprechstelle 1409. Dresden, den

Rechnung für

von H. J. Kreutzkamm, Hoflieferant

S. M. des Königs Albert und S. K. Hoheit des Prinzen Georg, Herzog zu Sachsen.

Heinrich Jeremias Kreutzkamm (1799-1850, Seite 43), der Ahne des Konditoren-Stammes, kam aus Quedlinburg nach Dresden und musste viel Unternehmungsgeist und Zivilcourage aufbringen, um am 17. Oktober 1825 endlich anzeigen zu können, dass er die Ehre habe, ein Konditoreigeschäft in der Moritzstraße zu eröffnen und dies „mit allen dahin einschlagenden Waren, so wie besonders feinen französischen Bonbons und allen Ar-

ten von Schweizergebäck zu den möglichst billigen Preisen." 1884 erstritt Kreutzkamm die Konzession für ein Cafè, das ein Jahr darauf mit dem Maiaufstand vorübergehend geschlossen wurde.

Heinrich Julius Kreutzkamm (1826 -1915) führte 24-jährig das Geschäft des Vaters fort, machte es über die Stadt hinaus bekannt und avancierte zum „Königlichen Hofkonditor" Sr. Majestät König Albert. Er erwarb 1878 mit einer Hypothek des Königlichen Rentenamtes jenes legendäre Haus am Altmarkt, das bereits auf den Stichen Canalettos abgebildet ist.

Der Altmarkt nach Canaletto. Der Pfeil zeigt das Stammhaus Kreutzkamm.

Die ehemalige Conditorei Kreutzkamm mit Beletage am Altmarkt.

1891 übergab der bis ins hohe Alter vitale Herr, der auch ein passionierter Jäger war, das Unternehmen seinem Sohn Max (1855-1926). Mit ihm ging es „aufwärts" - in das erste Stockwerk über der Konditorei, wo die Gäste zu Kaffee und Kuchen den Ausblick auf das Leben und Treiben auf dem Altmarkt genießen konnten.

Aus dem Rezeptbuch der Kreutzkamms.

Der Ehrenobermeister und Kgl. Hoflieferant, im Privatleben ein enthusiastischer Freund der Musen und Berge, sorgte dafür, dass Kreutzkamms begehrte Christstollen, in Blechkisten eingelötet, bis nach Afrika und Amerika gelangten.

Fritz Kreutzkamm in vierter Generation gebührt das

46

Das neue Café Kreutzkamm an der Altmarkt-Westseite.

Verdienst, das Unternehmen über Krisen und Krieg gerettet und nach dem Dresdner Desaster in München 1950 einen überaus erfolgreichen Neubeginn gewagt zu haben. Dessen Frau, Friderike Kreutzkamm, die gegenwärtige Chefin des Unternehmens, wagte 1991 den Dresdner Neubeginn am Altmarkt. Mit Elisabeth Kreutzkamm-Aumüller hat nun die fünfte Generation der angesehenen Konditorenfamilie in Dresden Fuß gefasst. Die studierte Betriebswirtschaftlerin mit USA-Erfahrungen leitet das Dresdner Backhaus, vormals Striesener Back- und Conditoreiwaren GmbH, das nun am Altmarkt das neue Kreutzkamm-Café mit leckeren Backwaren beliefert.

Alexander Ernemann

IMPERATOR
DER KINOTRÄUME

Die „Ermanox" – klein, handlich und unauffällig im Gebrauch – erschließt ein Wunderland der Photographie! Das wusste auch Dr. Erich Salomon. Jener „König der Indiskreten" machte mit ihr seine provokanten Aufnahmen in Salons und Gerichtssälen, ohne „Blitzgewitter" versteht sich, ganz diskret! Das war 1925. Der Produzent dieses Schnappschusswunders, Heinrich Ernemann, war da bereits 75 Jahre alt. 1928 starb der Dresdner Kamerapionier, der 1889 mit der Übernahme einer kleinen „Cameratischlerei" in einem Hintergebäude auf der Güter-

Heinrich Ernemann (links), der Dresdner Kamerapionier und Gründervater der Ernemann-AG, begann sein Werk 1889 mit der Übernahme einer kleinen „Cameratischlerei" in einem Hintergebäude auf der Güterbahnhofstraße.

Sohn Carl Heinrich Alexander (rechts, mit Familie) wollte eigentlich in die weite Welt hinaus. Die „Neue Welt" und das Wunderland Technik aber waren es dann, die den jungen Mann zu faszinieren begannen.

bahnhofstraße sein Werk begonnen hatte. Nun trat der inzwischen 50-jährige Sohn Carl Heinrich Alexander, der eigentliche Macher des Unternehmens, das inzwischen zur „Zeiss Ikon AG" fusioniert war, sein Erbe an.

Eigentlich wollte Ernemann jun., der am 3. Juni 1878 in Dresden zur Welt kam, nach dem Besuch der Oberrealschule auf den Spuren des Afrikaforschers Sir Stanley in die weite Welt hinaus. Die „Neue Welt" und das Wunderland Technik sollten es dann werden, die den jungen Mann nach einem Studium an der Höheren Gewerbeschule in Chemnitz und einer Anstellung bei AEG in Berlin zu faszinieren begannen. Bei Western Electric in Chicago brachte es der Dresdner in nur vier Jahren zum Betriebsleiter für automatische Telefone. Und in seiner Freizeit verwirklichte er noch den Traum seiner Jugend,

Die Ernemann-Werke AG und deren Filialen im 33. Jahr ihres Bestehens 1922. Für das Hauptwerk hatte auch Richard Riemerschmid Bauentwürfe eingereicht, verwirklicht wurden aber die von Emil Högg und Richard Müller (oben).

Blick in die ehemaligen optischen Werke (Messen der Objektive) sowie auf Ernemannhaus und -turm, die Wahrzeichen der traditionsreichen Dresdner Fotoindustrie (folgende Seite).

reiste und forschte in Indianerreservaten. Im Jahre 1904 wurde der hartnäckig wiederkehrende Rückruf aus dem Elternhaus aber so laut, dass „schließlich Familiensinn und Heimatgefühl" den Sieg davontrugen. Ziemlich lustlos trat der 26-jährige in die väterliche Firma ein.

Für die Ernemann-AG indes erwies sich dieser Schritt als wahrer Glücksfall. Der Junior-Chef verwertete seine US-amerikanischen Erfahrungen im väterlichen Betrieb, dessen technische Leitung er 1910 übernahm. Ein Jahr zuvor war ihm die Konstruktion des ersten deutschen Stahlprojektors gelungen. Der „Imperator" begründete den Weltruf der Dresdner Kinomaschinen. Auf dem expandierenden Markt konnten sich auch die Spiegel-Reflex-Camera oder die Rundblick-Camera mit der Lichtgöttin als eingetragene Schutzmarke se-

hen lassen. Vor Ausbruch des Krieges im Osten war die Zeiss Ikon AG mit all ihren Zweigwerken Europas größter Kamerahersteller.

Die Bombennacht vom 13.Februar überstand das Werk auf der Schandauer Straße recht glimpflich, die Enteignungswelle von 1946 jedoch nicht. Um einer Verhaftung zu entgehen, setzte sich der Unternehmer mit seiner Familie auf abenteuerlichem Wege nach Süddeutschland ab und ließ sich dann in Stuttgart nieder, wo heute noch die 1922 in Dresden geborene Tochter Rosemarie Ernemann lebt.

Der Exil-Dresdner betrieb den Wiederaufbau des Unternehmens in der Stadt am Neckar und leitete in einem neuen Zweigwerk in Kiel die Fertigung moderner Firmenanlagen. Zahlreiche Auszeichnungen wurden dem Unternehmer und Konstrukteur zuteil. Er war auch der erste Deutsche, dem die Society of Motion Picture and Television Engineers, New York, 1956 die Ehrenmitgliedschaft verlieh. Am 14. Oktober 1956 starb Dr. phil.h.c. Alexander Ernemann in Stuttgart.

An der Schandauer Straße in Striesen steht das Wahrzeichen der Dresdner Fotoindustrie, der Ernemannturm. Der 48 Meter hohe Kuppelbau aus Eisenbeton wurde 1923 von den Architekten Högg & Müller errichtet. Die Kuppel sollte eine Sternwarte aufnehmen. Dazu kam es nicht. Das Unternehmen selbst war ein Stern am Himmel der Dresdner Kinofilm- und Fotoindustrie.

Ernemann-Schutzmarke, bis 1903 verwendet.

„Lichtgöttin" von Prof. Hans Unger, bis 1920.

Marke für phototechnische Erzeugnisse, ab 1920.

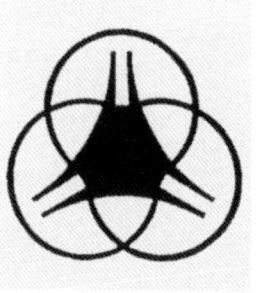

Schutzmarke für Kinoprojektoren, ab 1920.

GEHE hat Tradition...

GEHE

GEHE

Franz Ludwig Gehe

HEILMITTEL
AUS EIGENER KRAFT

An der Nordseite des Dresdner St.-Pauli-Friedhofes befindet sich die seit 1991 wieder gepflegte Grabstätte Gehes. In einer halbrunden Nische steht eine Büste mit der Umschrift: „Wir sterben, um zu leben". GEHE lebt, seit der Enteignung 1951 auch wieder in der Gründerstadt Dresden. Mit 17 Milliarden Euro Umsatz (Stand 2001) steht die GEHE Aktiengesellschaft an der Spitze des europäischen Pharmagroßhandels. Die über 23 650 Mitarbeiter des Konzerns sind in insgesamt elf europäi-

schen Ländern tätig. Das Unternehmen, das im Ausland über 1 721
eigene Apotheken verfügt, versorgt die Einzelhändler pünktlich und
zuverlässig mit Arzneimitteln - bis zu fünf mal am Tag.

Franz Ludwig Gehe, der Nestor des Unternehmens, wurde am
7. Mai 1810 als Sohn eines Pfarrers in Merkwitz bei Oschatz geboren. Vier Jahre war er alt, als nach der Mutter auch der Vater starb.
Ein Onkel, Prof. Winckler, Hofrat der sächsischen Landesregierung,
nahm Ludwig auf, umsorgte ihn liebevoll. Der „kleine Hofrat", wie
man den aufgeweckten Jungen nannte, besuchte eine angesehene
Privatschule. Beim Leipziger Großhändler Brückner, Lampe & Co.
wurde Gehe zum Kaufmann ausgebildet. In dieser Zeit betrieb er
bereits pharmazeutische Studien und war von der Idee besessen, den
Drogenhandel zu reformieren. War es zu Beginn des 19. Jahrhunderts doch noch üblich, die für Heilmittel erforderlichen Rohstoffe
im unverarbeiteten Zustand an die Apotheken abzugeben. Gehe
wollte medizinische Rohstoffe im gebrauchsfähigen, im reinen und
haltbaren Zustand und damit auch für jedermann erschwinglich an-
bieten.

1846 wurde das erste unternehmenseigene Geschäfts- und Handlungshaus in der Königstraße bezogen (links).

1859 war der damals 28-jährige Apotheker und Chemiker Dr. Rudolph August Luboldt (1831-94) in das Unternehmen eingetreten. Er trug dazu bei, dass Franz Ludwig Gehe schon früh sein Ziel verwirklichen konnte, eine Fabrik zur Verarbeitung von Drogen und zur Herstellung chemischer Heilmittel zu gründen.

Und so gründete der ehrgeizige junge Mann am 1. Mai 1835 in der Moritzstraße am Neumarkt Gehe & Co. Da die Firma anfänglich finanziell recht bescheiden ausgestattet war, nahm Gehe die Mühe auf sich, die Waren selbst zu packen, zu ordnen, zu beschriften und versandfertig zu machen. „Aus eigener Kraft" - das war Gehes Maxime ein Leben lang.

Am Ende jahrelanger Bemühungen stand schließlich am 7. Mai 1866 die Eröffnung der „Drogen- und Appretur-Anstalt" auf der Leipziger Straße in Dresden. Was die Fabrik erzeugte, gelangte zunächst in das große Handels- und Lagerhaus auf der Königstraße. Zur Verwirklichung seines früh gesteckten Zieles, eine Fabrik zur Verarbeitung von Drogen und zur Herstellung chemischer Heilmittel zu gründen, trug der Eintritt Dr. Luboldts, eines wissenschaftlich hoch gebildeten Verwandten, in das Unternehmen bei. Um 1900 gingen etwa 1000 verschiedene Präparate in alle Welt.

Franz Ludwig Gehe galt über Dresdens Grenzen hinaus als ein Mann mit unerschütterlichem Unabhängigkeitssinn und Bürgerstolz.

Eine Zäsur war zweifelsohne der Bau des ersten Fabrikationsgebäudes in Dresdens Leipziger Straße drei Jahrzehnte nach der Gründung von Gehe & Co.

Orden und Titel verschmähte er. Der Pharmaziefabrikant erwarb Verdienste um die Bildung seiner Angestellten, trat für eine Reform des verknöcherten Innungswesens oder den Wegfall der Zölle ein, die auch die Elbfrachtfahrt bedrückten.

Als Gehe im Alter von 72 Jahren starb, führte Dr. Rudolf Luboldt das Unternehmen weiter, erfüllte Gehes Vermächtnis und gründete die Gehe-Stiftung, die 1902 in den Rang einer Akademie erhoben wurde und bald die größte Bibliothek für Staatswissenschaften in Sachsen unterhielt. Der Gehe-Neffe schuf für seine Angestellten eine sozial vorbildliche Ruhestandsregelung in einer Gesamthöhe von zunächst 100 000 Mark. Neben dem ehemaligen Stammhaus am Neustädter Bahnhof, heute Arzneimittelwerk Dresden GmbH, erinnern zwei Straßen an die Dresdner Pharma-Pioniere Gehe und Luboldt.

*Das 1908-09 an der Leipziger Straße errichtete Handlungshaus der Gehe & Co.
AG (Foto oben) und die heutige Gehe Pharma Handel GmbH in Klotzsche.*

Justus Friedrich Güntz

ANWALT, STIFTER, ZEITUNGSMACHER

Das 1903 bis 1905 errichtete Güntzbad am Altstädter Brückenkopf der Carolabrücke war Dresdens erstes großes Hallenbad. Die Bombennacht von 1945 überstand es leidlich, den Aufbauplan nicht. Im Jahre 1962 verfügte das Büro der SED-Stadtleitung den Abriss. Kosten: 1 100 000 DM, mehr als zuletzt für den Wiederaufbau vorgesehen war.

Das Bad mit Dresdens wohl schönster Jugendstilfassade war komplett aus Mitteln der Güntz-Stiftung finanziert worden. Die gemein-

Die Damenhalle des einstigen Güntzbades an der Carolabrücke (oben) und das ehemalige Güntzheim, jetzige Krankenhaus Dresden-Neustadt (rechts unten).

Der „Ballwerfer" (Seite 60), 1907 über die Güntzstiftung finanziert, stand ab 1922 an der Ilgenkampfbahn, wurde im Krieg beschädigt, später restauriert und 1990 vor dem Hygiene-Museum aufgestellt.

nützige Stiftung, die der Oberbürgermeister verwaltete, hatte Dr. Justus Friedrich Güntz 1856, damals Herausgeber des „Dresdner Anzeigers", zum Zwecke der Wohltätigkeit und Verschönerung seiner Heimatstadt begründet. So flossen z.B. Mittel der Stiftung in das Güntzheim (heute Krankenhaus Dresden-Neustadt), das Maternihospital und Bürgerheim oder in Kunstwerke wie den Gänsediebbrunnen, die Diez-Brunnen am Albertplatz, Hähnels Körnerdenkmal oder den Ballwerfer vor dem Hygiene-Museum.

Friedrich Güntz wurde 1801 in Wurzen geboren, kam nach einem Studium der Rechte in Leipzig nach Dresden, wo sein Vater als Kreissteuereinnehmer tätig war. Über eine Mandantin erwarb der junge

Anwalt und unbesoldete Stadt-
rat 1837 Dresdens älteste Tageszeitung, den über 100-jährigen
„Dresdner Anzeiger". Damals
war er ein reines Inserate-Blatt,
dessen Charakter und Monopol
Güntz energisch verteidigte.
Erst das Revolutionsjahr 1848
brachte mit einer Beilage etwas
Farbe und republikanischen
Geist in das Blatt.

Nach dem Tod des einzigen
Sohnes, des Vaters und weiterer
Schicksalsschläge unterzeichne-
te Güntz dann jene Urkunde, mit der das „Adreß-Comptoir nebst
Zubehör" in das Eigentum einer „vom Stadtvermögen abgesonder-
ten gemeinnützigen Stiftung" übergehen sollte. Der Stifter, der sein
Dresden dankbar liebte und das Leitmotiv „wohlzutun und mitzu-
teilen" prägte, verstarb am 11.Juli 1875. Die Güntzsche Familiengruft befindet sich auf dem verfallenen Eliasfriedhof.

Carl von Kaskel

GUTE NOTEN
IN BANK UND KONZERT

Adolf Diamants „Chronik der Juden in Dresden" (1973) enthält eine Liste der 17 „jüdischen Millionäre in Dresden um 1900". Mehrere Arnholds und Bondis stehen darauf, selbstverständlich Gutmann und v. Klemperer. Mit Abstand angeführt aber wird die Liste von Emma verw. Freifrau Felix von Kaskel geb. Freiin von Oppenheim, und zwar mit einem Vermögen von 21 Millionen und einem Einkommen von 1,39 Millionen Mark. Die Freifrau „residierte" in einem Palais auf der Bürgerwiese, das Gottfried Semper in den Jahren 1845-48 im Stil der italienischen

Das Palais Oppenheim, Bürgerwiese 5-7, das zusammen mit dem Speisesaal (Seite 64) 1871-74 für den Bankier Kaskel umgebaut wurde.

Hochrenaissance für den Bankier Oppenheim errichtet hatte und das der Nachkriegszeit zum Opfer fiel.

Besitz und Vermögen verdankte Emma von Kaskel vor allem ihrem Schwiegervater Carl Freiherr von Kaskel (1797-1874). Die Familie stammte aus Polen, das mit Sachsen „unter einer Krone" stand, und diente bereits im 18. Jahrhundert dem Hofe als Warenlieferant und später als Geldgeber. Carl war zunächst wie sein Bruder Julius seit 1845 Mitinhaber des väterlichen Bankgeschäftes auf der Wilsdruffer Straße. Er genoss europaweit Ansehen, wurde 1867 in Österreich geadelt, 1869 in den Freiherrenstand berufen, nachdem er schon 1851 Sächsischer Kammerrat geworden war. Gemeinsam mit seinem Sohn Felix und Eugen Gutmann war er 1872 maßgeblich an der Gründung der Dresdner Bank beteiligt.

Zu diesem Zeitpunkt galt Carl v. Kaskel nach dem König als reichster Dresdner. Und man kann sagen, dass die neue Aktienbank in Dresden maßgeblich aus dem Kaskelschen Familienunternehmen hervorgegangen ist. Zum Freundes- und Geschäftskreis der Kaskels gehörten u.a. die Bankiers Oppenheim und Rothschild in Frankfurt, die dann auch zum Gründungskonsortium der Dresdner Bank zählten. Carl v.Kaskel vertrat als Konsul Schweden und Norwegen. Als Hausbankier von König Johann und zahlreicher Adelsfamilien genoss er hohes Ansehen in der Wettiner Hofgesellschaft.

In einem Nachruf der „Dresdner Nachrichten" vom 1. August 1874 hieß es, der „kgl. sächs. geheime Commerzienrath" sei auch ein treuer, sorgender Freund der Armen und Bedrückten gewesen. Die Kaskels waren den Musen zugetan und traten als Kunstmäzene auf. Carl v. Kaskel betätigte sich unter dem Künstlernamen Carl Lassekk als Komponist, führte einen Briefwechsel mit Robert Schumann und widmete ihm manche Partitur.

Während der Inflation 1921 verlor die Familie ihr Vermögen. Das Palais Kaskel-Oppenheim, eine „Pflegestätte des Schönen" und Treffpunkt der Hofprominenz, ging 1930 in städtischen Besitz über, brannte 1945 aus und wurde 1951 für einen Pionierpalast (der dann aber im Schloss Albrechtsberg unterkam) abgerissen. Das Grab der Familie, die zum Christentum übergetreten war, befindet sich auf dem Trinitatisfriedhof.

Christoph Albert Bierling

EIN LIED
VON DER GLOCKE

Zur Geschichte der Firmen Bierling in Dresden" hieß eine Ausstellung des Stadtmuseums. Friedrich Christof Bierling aus München, Gründer-Nachfahre in 12. Generation, hatte sie 1996 angeregt und zur Eröffnung 136 Personen eingeladen - „Bierlinge" aus verschiedenen Gebieten Deutschlands und Ländern Europas.

Ihre Altvorderen waren keine Brauer, sondern Gerber und Gießer. 1835 bereits hatte Christoph Heinrich Bierling eine Gerberei auf

der Hundsgasse gegründet und mit einer speziellen Lederart die Schuh- und Stiefelproduktion bereichert. Etwa 50 Bierling-Abkömmlinge widmeten sich seitdem in 160 Jahren Firmengeschichte der Lederfabrikation, die 1908 in das Werk Coswig-Brockwitz verlegt wurde. Nach Zwangsverstaatlichung zum „volkseigenen Betrieb", Treuhandverwaltung und Privatisierungsbemühungen ging das Unternehmen 1995 in Konkurs. Doch hinterlassen haben die Gießer zahlreiche heute noch sicht- und hörbare Spuren - vor allem im Dresdner Zentrum.

Christoph Heinrichs Bruder, Christoph Albert Bierling, geboren 1824, gründete nach einer intensiven Lehr-und Wanderzeit im Oktober des Revolutionsjahres 1848 auf dem Terrain der ehemaligen königlichen Hoffischteiche an der Palmstraße (zwischen Schweriner und Freiberger Straße, heute nicht mehr vorhanden) eine Rot- und Glockengießerei. Später erweiterte er seinen Betrieb mit einer Werkstatt auf der benachbarten Flemmingstraße. Zahlreiche Guss-Kostbarkeiten Dresdens gingen aus Bierlings Werkstatt hervor, die Diez-Brunnen am Albertplatz, das Reiterstandbild König Johanns vor der Semperoper, das Luther-Denkmal an der Frauenkirche oder der Gänsediebbrunnen am Ferdinandplatz (heute in der Weißen Gasse). Weltweit läuteten schließlich über eintausend Bierling-Glocken.

Sie waren bekannt für ihren schonenden, weichen Anschlag, ermöglicht über eine besondere Aufhängung des Klöppels. Neben den Glocken und Monumenten in jeder Größe fertigte die Firma vielseitig Metallwaren, Feuerspritzen, Armaturen für Dampfkessel, Brauereien und chemische Fabriken, Pumpen, auch Ausstattung für die Artillerie während des Deutsch-Französischen Krieges 1870/71 oder Leuchter, Silberfiguren und Besteck für das Haus Wettin.

1904 starb Christoph Albert Bierling, „Ritter des Königlich-Sächsischen Albrechtsordens" und engagierter Bürger Dresdens, der sich auch als „oberster Feuerspritzenwart" nützlich machte. Der öffentliche Einsatz als Stadtverordnete, Oberälteste der Innung oder Schöffen am Gericht war Tradition der seit 1750 in Dresden ansässigen Gerber und Gießer.

In Wiesbaden wohnte im hundertsten Lebensjahr bis zum Jahr 2000 Irma Nimrichter, „zufällig" eine nahe Verwandte des Autors. Diese Jahrhundertfrau galt als „gute Seele" im Büro der Bierlings und erinnerte sich gern an ihre „tüchtigen und sympathischen Chefs", Walter und Werner Bierling. Sie waren die Enkel des Nestors der Gießer, die den Betrieb gemeinsam seit 1918 leiteten. Etwa 25 Jahre war die Kontoristin für beide tätig. Da fielen die Bomben und zerstörten eine Legende, die Dresdner Glocken- und Kunstgießerei auf der Palmstraße.

Der Gänsediebbrunnen auf der Weißen Gasse , der ebenfalls in der Werkstatt von C.A. Bierling gegossen wurde.

Ludwig Küntzelmann

SEIFENSIEDER
UND NATURFREUND

Führen Sie Palmöl-Borax-Seife? Von Küntzelmann!"
„Küntzelmann? Nie gehört, versuchen Sie es doch mal bei
Schleckmann!" Lingners „Odol" und von Mayenburgs
„Chlorodont", ja die kennt man! Dabei kann sich Maximilian Ludwig Küntzelmann (1826-81) durchaus mit diesen „Großen Dresdnern" messen, jedenfalls in seinem verdienstvollen Wirken für unsere Stadt.

Im Jahre 1875 erhielt der Vorort am Dresdner Heiderand den stolzen Namen „Klimatischer Kurort Weißer Hirsch".

Küntzelmanns gepflegtes Seifensortiment war ein Begriff im alten Dresden. Seit 1716 betrieb die Familie ihre Siederei Am See, in einer der ältesten Gassen Dresdens. Ludwig Küntzelmann übernahm das väterliche Unternehmen um 1850 und ließ es zu einer modernen Fabrik ausbauen. Seine mit Qualitätsmarken und Preisen ausgezeichneten „Seifen aller Art" wurden zu einem begehrten Exportartikel.

Ludwig Küntzelmann galt als Unternehmer mit Weitblick und einem Herz für seine Stadt und deren reizvolle Umgebung. Und so fand man ihn seit 1870 im Rat als Stadtverordneten und kurz darauf als Investor und Bauherr auf dem Weißen Hirsch. Dort erwarb der Fabrikant das Herrenhaus des Oberlandweinmeisters Heinrich Roos und ließ es später zum Kurhaus mit 56 Gästezimmern umbauen. Um Kuraufenthalte attraktiv zu gestalten, ließ er im Garten ein Badehaus errichten, das aus einer Waldquelle gespeist wurde. Auf dem alten Rittergutsgelände gründete Küntzelmann eine „Colonie der Villen und Sommerfrischen". Dazu genehmigte ihm die Landesregierung eine Bauordnung, die noch heute grüne Herzen höher schlagen lässt: Alles, was dampfte, rauchte und lärmte, hatte am „Hirsch" vorbeizuziehen.

Die Bauten mussten Villencharakter zeigen, durften weder ebenerdig geraten, noch über drei Stockwerke hinaus in die Höhe schießen. Fremdenheime und Pensionen entstanden. Zudem regte Küntzelmann die Forstverwaltung an, gesetzlich Kahlschlag, wildes Bauen, gar Schuttabladen zu verbieten. Auch das Militär duldete man hier fortan nur noch in Ausgehuniform. Das Gebiet zwischen Stechgrund und Kurparkstraße wurde mit Fichten und Buchen bepflanzt. Wege entstanden, Brücken und Ruheplätze. Der Heidewald wandelte sich zum

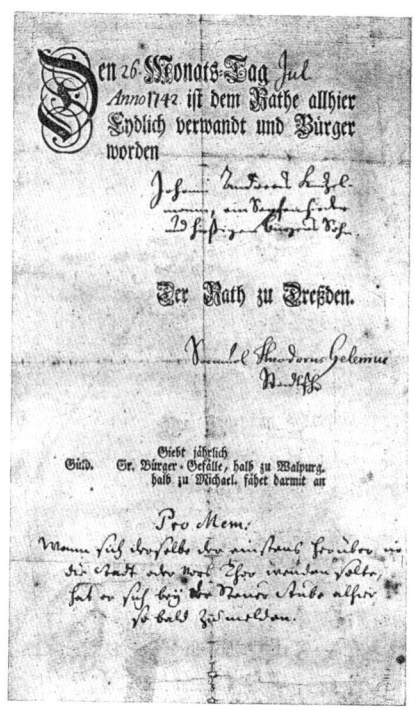

Bürgerbrief aus dem Jahre 1742 des Seifensieders Johann Andreas Küntzelmann.

Kurpark. Und 1875 schließlich erhielt der Vorort am Dresdner Heiderand den stolzen Namen „Klimatischer Kurort Weißer Hirsch". In einem Prospekt pries man vor allem die „ozonreiche Waldluft und windstille Temperatur".

An den Begründer des Kur- und Villenvorortes mit Weltruhmambition erinnert noch heute an der Bautzner Landstraße ein Granitblock mit einem Medaillon.

Gottlieb Traugott Bienert

MÜLLER
UND MÄZEN

An der Hofwand der Mühle erinnert ein Bienenstock im Doppelwappen an einen „fleißigen Bienert", der vor über hundert Jahren mit 180 PS Wasserkraft in 14 Stunden 1 000 Zentner Weizen schroten ließ. Heute gibt es im Bienert-Komplex am Eingang zum Plauenschen Grunde Schrott statt Schrot und einige rührige Planer, die das historische Gebäude „sinnvoll umnutzen" wollen. Was auch immer entstehen mag, der Müller mit den gottesfürchtigen Vornamen hat sich hier ein Denkmal für alle Zeiten gesetzt.

Altplauen mit Bienertmühle (rechts) und Auferstehungskirche.

Gottlieb Traugott Bienert wurde am 21. Juli 1813 in Eschdorf bei Dresden geboren und erlernte im Betrieb, den der früh verstorbene Vater hinterlassen hatte, das Müllerhandwerk. 1843 heiratete der 30jährige in der Dorfkirche zu Schönfeld die Tochter des Gutsbesitzers Leuthold aus Schullwitz, siedelte nach Dresden über und eröffnete in der Bautzner Straße am Linckeschen Bad eine Bäckerei.

Zehn Jahre danach hatte der inzwischen stadtbekannte Bäcker die kurfürstliche Hofmühle an der Weißeritz gepachtet und mit 96 000 Talern modernisiert. Nachdem Bienert sie 1872 erworben hatte, ging es mit geradezu revolutionärem Elan voran. Er setzte Turbinen ein, Teigknetmaschinen und rotierende Backherde. Vor allem mit dem Einsatz von Walzen begann das Zeitalter der Industriemühlen.

Mit des Müllers Geld und Elan entstanden die betriebseigene Gasanstalt und Telegraphenstation sowie eine Wasserleitung, gespeist aus einem Grundwasserreservoir. Nutznießer der technischen Neuerungen waren die Bewohner Plauens, das seit 1874 als erste sächsische Gemeinde über 39 Gaslaternen verfügte. Der Back- und Mühlunternehmer mit dem bescheidenen Lebensstil förderte und finanzierte in Plauen auch mehrere soziale Einrichtungen, so eine Volksschule, die „Kinderbewahr- und Beschäftigungsanstalt" (gemeinsam mit Amalie Heger), eine Armenstiftung sowie die Pensions- und Unterstützungskasse für das Personal seines Unternehmens. Auch der Kirche und Schule seines Geburtsortes ließ Bienert wiederholt größere Summen zukommen. Der Unternehmer kümmerte sich um ein angenehmes Betriebsklima, ließ Betriebsfeste feiern und einen Gesangsverein gründen.

Die Villa Bienert in Dresden-Plauen.

Als der Königlich-Sächsische Kommerzienrat und Ehrenbürger Plauens 1894 starb, wurde er mit großer Anteilnahme der Bevölkerung auf dem Plauenschen Friedhof beigesetzt. Robert Henze schuf die Grabstätte mit dem Porträtrelief. „Den Erben blieb eine Weltfirma" (Löffler), die Bienerts Söhne Theodor und Erwin mit dem Bau der Hafenmühle 1913 noch vergrößerten.

Im Sinn und Geist des Firmengründers wirkte Erwin Bienerts Frau Ida. Die Kunstmäzenin stiftete 1906 die Freie öffentliche Bibliothek Plauen, und ihre Villa war ein international beachteter Treffpunkt avantgardistischer Künstler und Geistesschaffender.

August Leonhardi

DER MANN,
DEM DIE TINTE GERIET

Andere geraten in die Tinte, Christian August Leonhardi g e r i et die Tinte, wie die Zeitschrift „Das Echo" 1894 zu berichten wusste. Man habe bei der Bergung des am 20. Juni 1893 im Porsangerfjord versunkenen Postschiffes „Nordland" auch einen Brief gefunden mit nahezu unversehrten Schriftzügen. Das Papier, das sechs Monate lang dem Einfluss von Meerwasser ausgesetzt war, sei eindeutig mit Alizarin-Tinte aus den Dresdner Leonhardi-Werken verfasst worden. Ein schönes Zeugnis für deutsche Wertarbeit, hieß es im „Echo". Da war man stolz bei den

Tintenfabrik Leonhardi, Postkarte um 1920.

Leonhardis im Loschwitzgrund, in dem das Unternehmen damals ansässig war.

Leonhardi hatte 1854 auf dem Gelände der alten Vettermühle, wo vorher eine Glasfabrik sowie ein Hochofen mit Gold- und Silberschmelze standen, seine weltweit bekannte Tintenfabrik errichtet. Ein Jahr zuvor war ihm eine Eisengallustinte gelungen, die nicht nur als überaus beständig, sondern auch als leicht flüssig und farblich intensiv galt. Neben Pelikan war Leonhardi Marktführer in Europa. „Wohlinformierte Vertreter" der Firma, die auch Schreibmaschinenbänder aller Systeme, Durchschreibpapier, Siegellack oder Stempelfarbe und -kissen anpriesen, wirkten in Tiflis und Kairo, in Hongkong und Tokio.

Christian August Leonhardi wurde 1805 als Sohn eines Sprach-Professors in Langensalza geboren, besuchte die Fürstenschule, widmete sich darauf der Chemie und gründete bereits vor seiner Dresdner Zeit 1826 in Freiberg eine Manufaktur. Man schätzte ihn als einen weitblickenden und äußerst energischen Kaufmann, der sich auch an weiteren heimatlichen Unternehmungen beteiligte. Seit 1844 war Leonhardi Mitglied des Aufsichtsrates und später beratender Direktor der Sächsisch-Böhmischen Dampfschifffahrtsgesellschaft.

Nach dem Tod Leonhardis im Jahre 1865 leitete die Witwe Auguste das Unternehmen, zu dem eine Niederlassung im böhmischen Bodenbach an der Elbe und ein Glaswerk in Schwepnitz zählten. Im Jahre 1875 vererbte sich der Besitz auf Sohn Eduard, den Landschaftsmaler und „Kgl. Professor" (1828 -1905), der die Leitung des Stammhauses dem kaufmännischen Direktor Hans Leo Reinhold übertrug.

1935/ 36 wurde die Anlage an der Grundstraße, die den Loschwitzern seit langem als Umweltverschmutzer missfiel, abgerissen, und Leonhardis Tintenfabrik erhielt in Trachau ein neues Domizil. Die

Ur-Enkelin des Malers, Brigitte Leonhardi, die heute in Wiesbaden lebt, äußerte sich in einem Beitrag der Dresdner Neuesten Nachrichten über die Vertreibung der Familie 1953 aus Dresden. Auf Grund eines fingierten Wirtschaftsvergehens sei ihr Vater, Dr. Wolfram Leonhardi, in Handschellen durch Loschwitz geführt worden. Leonhardis berühmte „Dresdner Alizarin Schreib- und Kopiertinte" kam in der DDR unter der Bezeichnung „Barock" auf den Markt. Heute ist auch diese Tinte ausgelaufen.

Clemens Müller

VATER DER EISERNEN NÄHMAMSELLS

Am 21. August 1902 berichteten die „Neuesten Nachrichten" über die Trauerfeier für den „in weiten Kreisen geschätzten Großindustriellen, Herrn Nähmaschinenfabrikant Commerzienrath Clemens Müller, welcher am Sonnabend in seiner Villa Holzhofgasse 4 verstorben ist und heute mittag auf dem Annenfriedhof zur letzten Ruhe gebettet" wurde. Eine Kolonne von Palmenträgern und zwei Blumenwagen führten den sechsspännigen Leichenwagen an, 30 Begleitkutschen folgten. Der Männergesangsverein „Lyra" trat auf. Und eine „zahlreiche Arbeiterschaft"

nahm Abschied von einem verdienstvollen Sohn der Stadt, der 1855 in der Schössergasse (an der Schloßstraße, heute überbaut) Dresdens erste Nähmaschinenfabrik gegründet hatte.

Clemens Müller wurde 1828 als Sohn eines Leinenwebermeisters in Dresden geboren und wuchs im böhmischen Teplitz auf. Als 23jähriger reiste er über den „Großen Teich", um nach „unbegrenzten Möglichkeiten" für seinen Forscherdrang zu suchen. Er fand sie bei Singer & Co in New York, wo er sich in eine „eiserne Nähmamsell" verliebte, mit ihr arbeitete und sie bis ins Detail studierte.

Mit diesem Schatz an Erfahrungen kehrte Müller in die alte Welt zurück, erwarb das Dresdner Bürgerrecht und gründete das Werk in der Schössergasse. Zunächst fertigte er Kettenstichmaschinen mit Handbetrieb, darauf Doppelsteppstichmaschinen. Er fand damit

Das Werksgelände der vom Firmen-
pionier gegründeten „Clemens Müller G.m.b.H.", die seit 1909 auf der
Großenhainer Straße ansässig war
(oben).

Werbeanzeige der Firma (links).

Letzte Nähmaschine aus Dresden:
„Nun leb wohl, du Veritas-Maschi-
ne! Gabst 97 Jahre lang den Dresdnern Arbeit und Brot. In treuer ste-
ter Erinnerung" (rechts).

Vorderansicht der ehemaligen Nähmaschinenfabrik heute (folgende Seite).

weltweit Anerkennung und Absatz. 1881 produzierte das anfangs
größte Nähmaschinenwerk Europas seine 200 000. Maschine. Dabei hatten es die Schneider dem Neuerer nicht leicht gemacht. Einige der Zunft wollten sogar Müllers Fabrik stürmen. Und die Ärzte
blickten sorgenvoll drein, weil die Fußnähmaschinen Unterleibslei-
den hervorrufen könnten.

Ein Jahr nach dem Tod des Fabrikanten gründeten dessen 12 Kinder die „Clemens Müller G.m.b.H.", die seit 1909 im neuen Werksgelände auf der Großenhainer Straße produzierten. Drei Jahre darauf lag die Jahresproduktion bei nahezu 150 000 Maschinen. Die
meist femininen Namen der „Nähmamsells" sind Legende: Domi-
na, Felicia, La Reina, Fibratora, Engonga, Saxonia, Stella und natürlich Veritas. Auch Büromaschinen, z.B. die Schreibmaschine Ura-
nia, fanden Eingang in das Warensortiment.

1945 wurde das Werk von den Besatzern enteignet, als Rüstungs-
betrieb beschlagnahmt und zum Teil demontiert. 1948 lief die Pro-

duktion wieder an, ab 1951 unter der Firmenbezeichnung „VEB Mechanik Schreibmaschinenwerke Dresden." Es ist das Verdienst Clemens Müllers, den Anstoß zur Gründung weiterer Betriebe der Branche (Seidel & Naumann) gegeben und Dresden somit zum Zentrum der deutschen Nähmaschinenindustrie gemacht zu haben.

Er sei ein Mann von schlichtem, geradlinigem Charakter gewesen mit viel Sinn für Familie (zweimal verwitwet), Natur (passionierter Wanderer und Käfersammler) und auch für Soziales. Er habe als erster Unternehmer in der Stadt eine Betriebskrankenkasse eingeführt und sich beispielhaft um Unfallschutz bemüht. Davon weiß seine Ururenkelin aus Pirna, Frau Clemens (nicht Müller), mit Stolz zu berichten.

Clemens Müller
Dresden.

Johann Meyer

PRACHTVILLA UND ARBEITERWOHNHÄUSER

I m Villenviertel an der Parkstraße protzte bis zur Bombennacht von 1945 ein Gebäude, das nach seiner Fertigstellung 1869 von Kennern als „hervorragendes Beispiel eines Patrizierhauses" bezeichnet wurde. Bis zum Jahre 1887 ging hier der Großkaufmann und Bankier Johann Peter Caspar Meyer aus und ein. Es war der gleiche Meyer, der ein Vermögen für Arbeiterwohnhäuser im Hechtviertel ausgegeben hatte. Moralische Kompensation eines Luxusdaseins?

Johann Meyer stiftete zunächst anonym und hoffte, andere würden seinem Beispiel folgen. Und er verfügte, den Mietzins nach Abzug der Unterhaltungskosten zum Bau neuer Stiftungshäuser einzusetzen. Außerdem verwendete er seinen Reichtum zur Unterstützung für „würdige und verschämte Arme", zum Unterhalt des Maternihospitals, des Diakonissenhauses sowie des Altstädter Kinderhospitals, zur Förderung des Asyls für obdachlose Männer und des Frauenerwerbsvereins oder zur Einrichtung von Freistellen an Dresdner Gymnasien für „arme, gut gesittete, fleißige Schüler ohne Rücksicht auf deren Heimatzugehörigkeit..."

Diakonissenhaus-Kirche auf der Bautzner Straße, 1962 wieder aufgebaut. Aus der Johann-Meyer-Stiftung flossen einst beträchtliche Summen, die dem Unterhalt des Diakonissen-Krankenhauses dienten.

Der verdienstvolle Unternehmer, so hieß es in einem Nachruf, sei des Wohlwollens für die Stadt nie müde geworden. Sein „Solidaritätsbeitrag" belief sich auf eine halbe Million Mark, eine schier unglaubliche Summe für jene Zeit.

Johann Meyer kam im ersten Monat des 19. Jahrhunderts in Hamburg zur Welt. Er wuchs in einem armen Elternhaus auf und gelangte durch eine Verkettung glücklicher Umstände in früher Jugend nach Petersburg, wo er das Handelsgeschäft lernte und es „aus eigener

Kraft" in verhältnismäßig kurzer Zeit zu hohem Ansehen „auf allen Welthandelsplätzen" gebracht haben soll. Auf seinen Reisen weilte der Handelsmann oft und gern in Dresden, wo er sich 1856 für immer niederließ.

In seiner von Hermann Nicolai gebauten Villa auf der Beuststraße 1 (Ecke Parkstraße) hatte Johann Meyer „die vorzüglichsten Stücke der zeitgenössischen deutschen und französischen Malerei" zu einer „der bedeutendsten Galerien Deutschlands" zusammengestellt. Orden und Titel aber, die ihm reichlich angeboten wurden, sammelte er nicht. Allein die Ehrenbürgerschaft Dresdens (1866) sowie den von König Albert verliehenen „Comthurgrad II. Classe" des Albrechtsordens hatte er gern angenommen. Kurz vor seinem 88. Geburtstag, am 6. Januar 1887, verstarb der „wahre hochherzige Menschenfreund". Seine Grabstätte befindet sich auf dem Trinitatisfriedhof.

Die für Johann Peter Caspar Meyer 1867-69 erbaute Villa auf der Beuststraße, 1945 zerstört.

Otto Rüger

ANFÜHRER
DER SÜSSEN ZUNFT

Eine süße Stadt war das alte Dresden. Calberla betrieb bereits um 1800 eine Zuckersiederei in der Nähe des Residenzschlosses. Jordan & Timaeus belieferten 50 Jahre später den sächsischen Hof mit „Dampfchocolade". Und Petzold & Aulhorns Schokoriegel überstanden sogar die Dampfer-Reise nach Übersee.

Als ein herausragender Unternehmer der süßen Zunft galt auch Otto Rüger, geboren 1831 in Dresden. Mit nur fünf Gehilfen be-

gann er, Zuckerwaren und englische Biskuits zu produzieren. 1858 pachtete Rüger die Kakaomühle von August Ferdinand Lobeck im Lockwitzgrund, übernahm später auch die Lockwitzer Hintermühle und baute das Unternehmen zu einer der größten Schokoladenfabriken Deutschlands aus. Um 1900 firmierte Rüger unter „Schokolade-, Kakao- und Zuckerwarenfabrik. Fabrik englischer Bisquits, Honig-, Leb- und Pfefferkuchen..." 1934 wurde die Kakaomühle im Lockwitzgrund stillgelegt.

Rügers Wirken war jedoch nicht allein auf die Leitung seines erfolgreichen Unternehmens beschränkt. Er machte sich verdient um den Zusammenschluss der deutschen Schokoladenindustrie. Damit gelang es zunehmend, steuer- und zollpolitische Hindernisse abzubauen, die „Warenfälscher" mit ihren minderwertigen Erzeugnissen (Mehlbeimischungen, Zusatz von Tierfetten) abzuwehren und Reinheitsgebote durchzusetzen. 1877 wurde in Leipzig der „Verband Deutscher Chocoladenfabrikanten" gegründet. Zwei Jahre darauf wählte man Rüger zum Vorsitzenden des Verbandes, dessen Geschäftsstelle nach Dresden verlegt wurde. Gustav Stresemann, der spätere Reichskanzler, Außenminister und Friedensnobelpreisträger, sammelte hier zwischen 1902 und 1904 als Syndikus erste Erfahrungen in der Verbandsarbeit. Seit 1885 war Otto Rüger auch Vorsitzender der Deutschen Nahrungsmittel-Industrie-Berufsgenossenschaft.

Als der Kommerzienrat am 20. August 1905 in seiner Wohnung in der Lukasstraße an den Folgen eines Schlaganfalls verstarb, erschien ein Nachruf auch in den Dresdner Neuesten Nachrichten. Diejenigen, denen das Glück zuteil geworden sei, dem Verstorbenen näher zu treten, hieß es darin, wussten seine unverwüstliche Arbeitskraft, seine strenge Gewissenhaftigkeit und seinen Pflichteifer hoch zu schätzen. Ein feinsinniger Kenner der Geschichte sei Rüger gewesen, vertraut mit der Gesetzeskunde und mit der staatswissenschaftlichen Literatur, dazu von selten vornehmem Charakter und liebenswürdigem Wesen. Kurzum, er sei d a s Vorbild eines Kaufmannes jener unternehmerischen Aufbruchszeit gewesen.

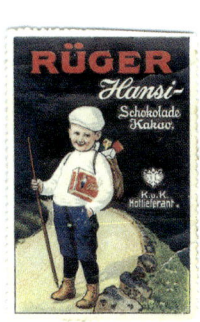

Friedrich Anton Serre

URAHN DER WOHLTÄTIGKEITSLOTTERIE

Wer kennt schon seinen Namen? Kaum lesbar ist die Inschrift, verwittert sind die beiden Genien, die das Grabmal auf dem Trinitatisfriedhof zieren. Johann Friedrich Anton Serre, Herr und Landwirt auf Rittergut Maxen, Besitzer auch von Kalksteinbruch und -brennerei, besaß noch ein Wohnhaus mitten in der Stadt. Die Straße am Pirnaischen Platz, bei deren Anlegung Serres Besitztum abgerissen werden musste, trug bis zur Zerstörung 1945 seinen Namen. Heute ist auch diese Straße aus dem Stadtbild verschwunden.

Serre aber schuf sich selbst ein Denkmal, indem er zur 100.Wie-
derkehr von Schillers Geburtstag im Jahre 1859, selbst schon 70-
jährig, die Allgemeine Deutsche Schillerlotterie ins Leben rief, ein
weltweites Unternehmen zwischen Salzburg und St.Louis. Ihre
Dresdner Filiale galt als Mutterstiftung. Serres Lotterie war zunächst
eine reine Warenlotterie mit Preisen, die gestiftet oder von Serre und
seinen Mitstreitern gekauft wurden. So gab es im Gründerjahr das
Haus des Turnvaters Jahn in Freyburg an der Unstrut, sieben Kon-
zertflügel oder 200 goldene Taschenuhren zu gewinnen. Selbst für
Nieten winkten Trostpreise. Zu einem Taler fanden die Lose reißenden Absatz. 45 000 Besucher zählte allein die Gewinnausstellung
im Johanneum, die Major Serre unter großem Einsatz organisiert
hatte.

Im November 1860 eröffnete Oberbürgermeister Pfotenhauer am
gleichen Ort die erste Ziehung. Karl Gutzkow, der Schriftsteller und
Dramaturg des Hoftheaters, hielt eine Rede. Der Erfolg der Lotterie war überwältigend. Von den 454 749 Talern Reingewinn gingen
300 000 an die Schillerstiftung. 150 000 Taler kamen über die ähn-
lich angelegte Tiedgestiftung notleidenden Künstlern zugute.

Initiative und Organisa-
tionstalent zeichneten den
Gutsbesitzer und Lotterie-
begründer zeitlebens aus.
Und obendrein hatte er jederzeit ein offenes Herz
und eine offene Hand, um
zu geben. Er machte sich
auch um die Gründung
von Waisenkolonien ver-
dient.

1789 im preußischen
Bromberg geboren, war er
ursprünglich Jurist, schlug
dann eine militärische
Laufbahn ein und kam als
Königlich-Preußischer Major und Adjudant des Militärgouverneurs
von Sachsen in die Residenzstadt. Hier traf er auf den Kaufmann
Hammerdörfer, vermählte sich 1817 mit dessen Tochter Friederike,
nahm darauf seinen Abschied und kaufte das Rittergut Maxen, gele-
gen auf den Höhen über dem Müglitztal bei Borthen.

Das Gut, aber auch Serres Dresdner Wohnung, wurden zum Treff
der wissenschaftlichen und künstlerischen Elite Dresdens. Hier ver-
kehrten Clara Wieck, Robert Schumann und Carl Maria v. Weber,
Ludwig Tieck und Wilhelmine Schroeder-Devrient, Ernst Rietschel
oder Bertel Thorwaldsen, der seinem Gastgeber das berühmte Reli-
ef „Amor und Psyche" verehrte. So oft Hans Christian Andersen in
Dresden weilte, nahm er stets bei Serres seine Wohnung.

Liebe zur Dichtkunst, so hieß es in einem Nachruf, Verehrung für
Schiller und der Wunsch, Not unter Künstlern noch tatkräftiger als
mit seinen eigenen Mitteln zu lindern, habe in Serre den Gedanken
der großen Lotterie reifen lassen. Sie war die Krönung seines Le-
benswerkes. Danach hatte Friedrich Anton Serre nur noch wenige
Jahre zu leben. Am 3.März 1863 erlag er einem Herzleiden.

Friedrich Siemens

FLASCHENPOST
IN ALLE WELT

Wer war wer im Siemens-Imperium? Friedrich ist ein Bruder des „Vaters der Starkstromtechnik", Werner von Siemens. Einen Adelstitel wie der Bruder erwarb der 1826 in Menzendorf bei Lübeck geborene August Friedrich nicht, jedoch Patente und Ansehen nicht minder.

Nachdem Friedrich reichlich zwei Jahre als Schiffsjunge zur See gefahren war, wandte er sich den technischen Wissenschaften zu. Er wirkte als Assistent bei Bruder Werner, der gemeinsam mit dem

Die Dresdner Glasfabrik Friedrich Siemens um 1880.

Mechaniker Halske in Berlin 1847 eine Telegraphenanstalt gegründet hatte. Dann ging er mit Wilhelm, einem weiteren Bruder, nach England und konstruierte 1856 den ersten Regenerativofen, den er später mit Gasfeuerung versah. Dieses System, das spätere Siemens-Martin-Verfahren, und die Erfindung des Wannenschmelzofens bewirkte eine Revolutionierung der Glasindustrie. Im Jahr 1867 starb Hans Siemens, ein dritter Bruder, der in Löbtau eine kleine Tafelglashütte betrieben hatte.

Funktionsprinzip der Glasschmelzwanne, die erstmals 1867 in Dresden in Betrieb ging.

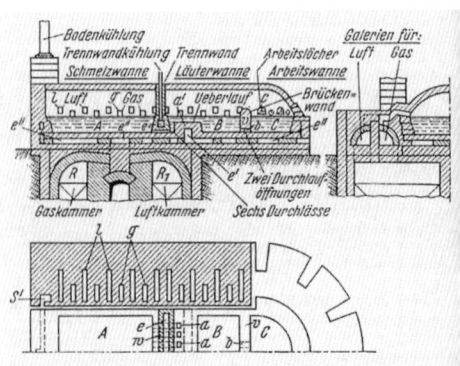

Da bat Werner von Siemens, der das Löbtauer Werk mit finanziert hatte, Bruder Friedrich, er möge sich doch in Dresden ansiedeln und die Glasfabrik vor dem Ruin retten. Denn: „Ein Unternehmen mit dem Namen Siemens darf nicht Pleite gehen!" Friedrich Siemens übernahm schließlich das Werk und legte damit den Grundstein für den hohen Stand der damaligen deutschen Flaschenindustrie. 24 Millionen Flaschen gingen 1884 aus Dresden in alle Welt. Das Unternehmen, seit 1888 als „Aktiengesellschaft für Glasindustrie vormals F. Siemens Dresden", expandierte.

Die ersten Niederlassungen entstanden in Böhmen. Eine Glasfabrik in Döhlen und etwa ein Dutzend weiterer Werke zwischen Graz und Gleiwitz wurden übernommen. Siemens erfand das Presshart- und das Drahtglas und erweiterte sein Sortiment mit Flaschenverschlüssen, Gasheizöfen oder „Badeapparaten". 1912 beschäftigte das inzwischen größte Unternehmen seiner Art in Europa in seinen zehn Glashütten, drei Fabriken für Rohstoffe und feuerfestes Material sowie einem Steinkohlenbergwerk etwa 7 000 Arbeiter und erwirtschaftete einen Gesamtumsatz von 20 Millionen Mark.

Um 1890 war bei Siemens der Ofen VII, eine runde U-Flammenwanne mit einem Durchmesser von 12 m, mit 225 Arbeitern besetzt und produzierte 800 000 Flaschen im Monat.

Die Aktiengesellschaft für Glasindustrie vorm. Friedrich Siemens, 1888 (oben).
Spezialitäten aus dem Sortiment der Dresdner Glasfabrik (links).

Am 24. Mai 1904 starb Friedrich Siemens. Sein Grab befindet sich auf dem Neuen Annenfriedhof in Löbtau. Der von König Albert hochgeschätzte Erfinder und Unternehmer hat sich auch um die Wohlfahrt der Werksangestellten verdient gemacht, ließ betriebseigene Wohnhäuser zu erschwinglichen Mieten bauen, gründete eine Pensionskasse für Arbeiter, richtete in den Werken Badeanstalten, Konsumgeschäfte und Bibliotheken ein. Im Jahr 1901 verlieh die Technische Hochschule Dresden ihren ersten Ehrendoktortitel an den Pionier der Glasfabrikation.

SEIDEL & NAUMANN, DRESDEN.

SOUVENIR DE L'EXPOSITION UNIVERSELLE DE PARIS 1900

2000 Ouvriers

Bruno Naumann

GROSSVATER
DER ERIKA

Im Jahre 1910 brachte das Dresdner Unternehmen „Seidel &
Naumann" eine Kleinschreibmaschine auf den Markt mit dem
Namen der Enkeltochter des Firmenbegründers: „Erika". Opa
Bruno war sieben Jahre zuvor verstorben.

Bruno Naumann galt in Dresden als schillernde Persönlichkeit und
als Unternehmer, wie er nicht nur bei Marx im Buche stand, nämlich als profitbewusster, respektheischender Herr im Hause mit zu-

Die 1884 auf der Hamburger Straße errichtete Nähmaschinenfabrik Seidel & Naumann produzierte.

weilen bedrohlicher Tuchfühlung zu seiner Belegschaft, aber auch über Betriebskrankenkasse oder Kantinenessen stets auf sozialen Frieden bedacht. Den rettete der selbstbewusste Fabrikchef notfalls auch mit demagogischen Worten. Als in einer Werksabteilung ein Streik für höhere Löhne drohte, erklärte er den Aufmüpfigen, wenn er heute sein gesamtes Vermögen an sie verteilte, würde er morgen auf der Schäferstraße eine Kneipe aufmachen und in einem Jahr sein verschenktes Geld wiederhaben. Er könne auch nur wie seine Arbeiter Beefsteak essen. Im übrigen sei es sein Bestreben, für alle Arbeit zu schaffen.

S & N-Nähmaschine

...er auch Fahrräder und Schreibmaschinen

Als Herr zur Villa Stockhausen, die später Lingner kaufte, zeigte der Geheime Kommerzienrat aristokratische Züge, jagte im eigenen Revier oder in Ungarn, erwarb die Standesherrschaft Königsbrück, blies als Gast in der Königlichen Kapelle das englische Horn oder schickte „Namouna"(!) aus eigenem Gestüt ins Rennen.

...und Werbeprospekt .

Nählehrgang bei AG vorm. Seidel & Naumann, um 1920 (links).

Ehemalige Gebäude von Seidel & Naumann auf der Hamburger Straße bilden heute Dresdens Technisches Rathaus (rechts).

Werbeanzeige mit dem bekannten Firmenlogo S & N (rechts unten).

Der Sohn eines Strumpffabrikanten wurde 1844 in Dresden geboren, besuchte hier die Schule des „Vereins zu Rath und That" und begann anschließend eine Lehre als Feinmechaniker. Von obligatorischer Wanderschaft zurückgekehrt, stillte er seinen Bildungshunger in Abendkursen, erlernte die griechische Sprache, widmete sich der Philosophie und Religionswissenschaft.

1868 eröffnete Naumann dann auf der Langen Gasse (später Zinzendorfstraße) eine Werkstatt für Maschinenschlosserei. Damit war der Unternehmer so erfolgreich, dass er mehrmals in größere Räumlichkeiten umzog und schließlich 1884 an der Hamburger Straße seine Fabrik errichtete. In Emil Seidel fand Naumann einen finanzkräftigen Geldgeber, von dem er sich jedoch bald wieder trennte. Das Unternehmen, das zunächst Singer-Nähmaschinen produzierte, erweiterte sein Profil 1887 mit der Fahrradmarke „Germania", 1895 mit Geschwindigkeitsmessern für Lokomotiven und 1899 mit der Schreibmaschine „Ideal". Über 10 000 dieser auf lange Zeit marktführenden „idealen" Maschinen hatten das Werk verlassen, als Bruno Naumann auf dem Höhepunkt seines Schaffens 1903 den Herztot starb. Er sei ein Genie der Arbeit gewesen, habe im Verein mit Glück Großartiges geleistet und sich an die Spitze der Industriellen Deutschlands gesetzt, hieß es in einer Gedenkrede.

Nach dem 1.Weltkrieg erweiterte die Firmenleitung das Produktionssortiment der Aktiengesellschaft, fertigte Büroartikel und Werkzeugmaschinen und eröffnete weitere Produktionsstätten in Dresden und Heidenau.

Das Werk, bei Luftangriffen stark beschädigt, wurde nach dem Krieg entschädigungslos enteignet, seit 1946 als VEB Schreib-

maschinenwerk und VEB Mechanik weitergeführt, 1980 dem Kombinat Robotron zugeordnet und um 1990 geschlossen. Ein Teil der Gebäude wird heute als Technisches Rathaus genutzt.

Für die
Jugend
Eltern und
Erzieher!

Sämtlichen

Hartwig & Vogel

Zell Kakaos
liegen künstlerisch
ausgeführte Bildchen

Deutsche
Jugendherbergen
bei, die in ihrer Gesamtheit ein Sam-
melwerk von kulturgeschichtlichem
und heimatkundlichem Wert darstellen.

die Bildchen tragen ferner
Gutscheine
die gegen Zell-Fabrikate
eingetauscht werden.

Prächtiges Album nur gegen
Einsendung von Mk.1,50

In sämtlichen Packungen
Sammelbilder
und
Gutscheine

Zell
Kakao

blaue Pckg   grüne Pckg   braune Pckg
60 ₰   **50** ₰   **40** ₰
              ¼ Pfd.

Anton Reiche

SCHOKOLADE
IN ALLEN FORMEN

Dresden hat seine Schokoladenseite. Calberla, Aulhorn, Jordan & Timaeus, Hartwig & Vogel („Tell"), Riedel & Engelmann („Schwerter") oder die Gebrüder Hörmann („Alpenstern") haben sich als Pioniere darauf eingetragen. Der süßen Branche folgte sogleich der entsprechende Maschinenbau, auch für Werbung und Verpackung. Auf die verführerische Gestalt kam es an. Das war nicht unbedingt der Riegel, sondern eher der Ruprecht oder Osterhase. Für Anton Reiches Phantasie gab es da keine Grenzen. Er schuf den Zoo oder Spielzeugpark in Schokolade.

Anton Reiches Schokoladenformen-Firma an der Freiberger Straße, vor 1895.

Der Unternehmer wurde 1845 in Wilsdruff geboren. Nachdem er sein Gesellenstück als Klempner, eine Gießkanne, geliefert hatte, ging er auf die Walze und drang bis Paris vor. Bei L'Etang erlernte der junge Reiche die Fertigung von Schokoladenformen. 1870 kam er nach Sachsen zurück und erwarb die Genehmigung, sich in Dresden, im Hause Münzgasse 2, als Bauklempner niederzulassen. Bald waren seine Schokoladenformen so gefragt, dass Reiche in den Annenhof an der Freiberger Straße umzog, dort zwei Werkstätten und einen Laden unterhielt und zehn Gesellen beschäftigte.

1878 firmierte er bereits unter Blechwarenfabrik. Als die Firma Hartwig & Vogel niederbrannte, gingen auch die teuren Kupferformen aus Frankreich verloren. Anton Reiche bot sich an, sie zu ersetzen durch Formen aus Weißblech, die sauberer waren und billiger als die kupfernen. Reiche gelang es, mit immer wieder neuen Ideen der Konkurrenz davonzueilen. Er war auch der erste, der Blech farbig bedruckte und damit die Produktion von Tee- oder Konfektdosen sowie auch von Kinderspielzeug aufnahm. Die „Anton Reiche AG - Schokoladen-Formen, Blech-Emballagen und Blech-Plakat-Fabrik" (Adressbuch 1913) expandierte, Reiche erwarb die Konkur-

renzfirma Köhler in Aussig, errichtete 1895 in Dresden-Plauen ein modernes Werk mit 350 Beschäftigten und erreichte bald die Weltspitze.

Das soziale Engagement des einstigen Bauernsohnes war vorbildlich für jene Zeit. Er ließ ein Ledigenheim und Wohnhäuser errichten, unterhielt eine Werksküche sowie einen Kindergarten und gewährte seinen Arbeitern großzügig günstige Darlehen. Zuletzt lebte der gesundheitlich angeschlagene Unternehmer in seiner Villa „Sonnenheim" auf dem Weißen Hirsch, wo er am 16. Juli 1913 starb. Die Söhne Max, Anton und Alfred übernahmen das Erbe des Vaters und führten es bis 1945 erfolgreich weiter. Das Werk wurde am 13. Februar schwer getroffen.

Die neuen Machthaber bezichtigten Anton und Alfred Reiche der Unterschlagung von Buntmetall, inhaftierten beide, beschlagnahmten einen Teil des Vermögens und leiteten so die Enteignung ein. Das ehemalige Werksgelände Bamberger Straße 1 bis 9 nutzte bis 1992 das Kombinat NAGEMA. Heute befinden sich hier Büros, Gewerberäume und Wohnneubauten.

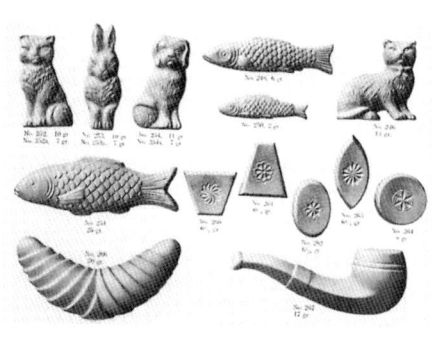

Schokoladen-Automat der Dresdner Hartwig & Vogel AG (Seite 114), hergestellt in der Anton Reiche AG, und Schokoladenformen (rechts).

BUNTE BLÄTTER
vom
SÄCHSISCHEN HOF

NACH GEMÄLDEN IHRER KÖNIGLICHEN
HOHEIT PRINZESSIN MATHILDE
HERZOGIN zu SACHSEN
ZUM BESTEN DES MARIA ANNA
KINDER·HOSPITALS

DRUCK u. VERLAG von RÖMMLER & JONAS G.M.B.H. DRESDEN
LIEFERUNG IV

Emil Römmler

HOFPHOTOGRAPH
UND LICHTDRUCKER

Der Chef von „Römmler & Jonas - Königl.-Sächs. Hofphotographen, Kunstanstalt für Lichtdruck, Autotype und Dreifarbendruck", so verkündeten stolz die Briefköpfe der Firma um die Jahrhundertwende, sei Inhaber von Kronenorden, Ritterkreuz, Albrechtorden, Osmanierorden, Österreichischer Goldmedaille „Viribus unitus", Koburgischer Verdienstmedaille und türkischer Medaille für Kunst. In der Tat war Kommerzienrat Karl Emil Römmler ein nicht nur mit Orden ausgezeichneter und international geschätzter Lichtbild-Künstler und -unternehmer. Bis zur

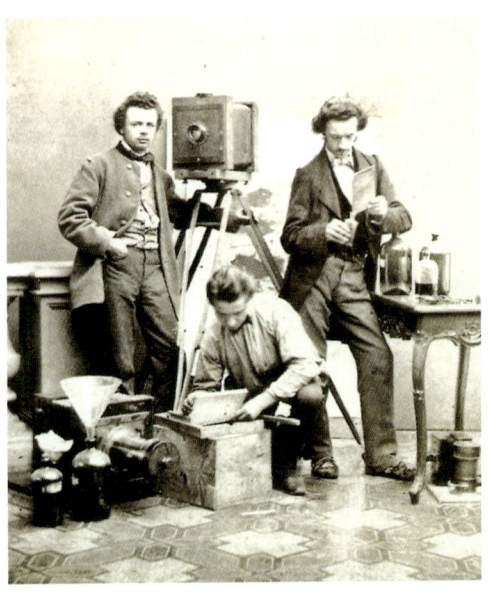

Emil Römmler (im Foto links) und Angestellte mit fotografischer Ausrüstung, 60er Jahre des 19. Jahrhunderts (links).

Werbeanzeige (rechts) und Römmlers Alterssitz auf der Calberlastraße 12 in Loschwitz (rechts unten).

Titelseite der Mappenserie „Bunte Blätter vom Sächsischen Hof", Lichtdruck von Römmler & Jonas (Seite 118).

Zerstörung 1945 befand sich der graphische Großbetrieb „Römmler & Jonas GmbH – Druckerei und Verlag" auf der Blasewitzer Straße 27.

Emil Römmler kam 1842 in Mittweida als Sohn eines Porträtmalers zur Welt. Er war 17, als ihm sein Vater und Lehrmeister nichts Neues mehr beizubringen vermochte. Da zog der talentierte Bursche durch die Lande, kam über Berlin nach München zum angesehenen Hoffotografen und „Vater des Lichtdruckes", Dr. Eugen Albert, von dem er später zwei Patente kaufte. Der junge Römmler erregte bald Aufsehen mit seinen Aufnahmen von Schloss Lichtenstein, die Prinz Wilhelm von Würtemberg bei ihm bestellt hatte.

Über Köln und Paris gelangte der 19-jährige schließlich nach Dresden und etablierte sich als Fotograf in der Halbe Gasse, der späteren Bankstraße (heute überbaut) an der Bürgerwiese. Hier begann die erstaunliche Gründerzeitkarriere des 1861 noch nicht volljährigen jungen Mannes. Zehn Jahre später fand Römmler einen wohlhabenden Kompagnon und gründete auf der Pillnitzer Straße die Kunstdruckanstalt „Römmler & Jonas". Hier erschien das erste Lichtdruckwerk, „Die Architektur Dresdens".

1889 entstand der moderne Großbetrieb auf der Blasewitzer Straße mit 80 Angestellten, 20 Großpressen, einer eigenen Buchbinderei sowie einer Villa auf dem Betriebsgelände. Im Jahre 1909 übertrug Emil Römmler die Geschäftsführung seinem Sohn Hans, der die Firma 1928 (inzwischen etwa 500 Mitarbeiter) der öffentlichen Güntzstiftung übereignete.

Dem Nestor des Dresdner Lichtdruckes war ein langes Leben vergönnt. Mit 95 Jahren begann er es in lockerer Erzählweise zu beschreiben (erschienen bei „Dr. Günter Voigt Edition", 1996). Emil Römmler stand kurz vor seinem 100. Lebensjahr, als er am 19. Januar 1941 starb. Er hinterließ über 10 000 Lichtdrucke, die mit unbestechlicher Genauigkeit und in feinsten Schwarzweiß-Abstufungen auch Dresdens Kostbarkeiten dokumentieren.

Eugen Gutmann

DER GUTE GEIST
DER DRESDNER BANK

Dresdner Bank? Für uns Dresdner über 40 Jahre nicht mehr als eine Sitzgelegenheit. Dabei hatte das Geldinstitut seinen juristischen Sitz noch ein Jahr nach der Gründung der DDR in Dresden. Wer wusste das schon?

Als Jürgen Ponto, der Vorstandssprecher, im Jahre 1977 von einem RAF-Kommando ermordet wurde, entstand ein mehr zufälliger Dresden-Bezug. Der Onkel des Ermordeten nämlich war Erich Ponto, eine Dresdner Theaterlegende (1884 -1957).

Das Stamm-
haus der Dres-
ner Bank in der
ehemaligen Kö-
nig-Johann-
Straße 3 (links)
und der heutige
D r e s d n e r
Hauptsitz der
Bank zwischen
W a i s e n h a u s -
straße und Dr.-
K ü l z - R i n g
(rechts).

Dresdner Bank
Dresden, König Johann Straße

Die Banklegende aber beginnt mit dem Namen Gutmann. Und es
ist kein Bankgeheimnis: Der kometenhafte Aufstieg der „Grün-
weißen" am internationalen Finanzhimmel war in erster Linie dem
Wirken ihres Stammvaters zu verdanken, des Geheimen Kommer-
zienrates Eugen Gutmann. Wie zahlreiche Bankiers der Stadt entstammte er einer wohlhabenden jüdischen Familie.

Bankier Vater Bernhard brachte den 1840 geborenen Sohn nach
der Schulzeit in der Branche unter bei Günther & Palmie, der späteren Allgemeinen Deutschen Kreditanstalt. Zeitweilige Holzgeschäfte
in Budapest befriedigten den jungen Gutmann nicht. Er kehrte in
seine Heimatstadt zurück, veranlasste die ihm befreundeten Barone
Carl und Felix von Kaskel, ihr angesehenes Bankhaus in eine Aktiengesellschaft umzuwandeln, aus der 1872 die Dresdner Bank hervorging. Gutmann, der anfangs mit 670 000 Talern am Grundkapi-
tal beteiligt war, übernahm 32-jährig die Direktion. Den Aufsichts-
rat, zu dem auch neun Dresdner zählten, führte der 38-jährige Felix
von Kaskel. „Jung und dynamisch" musste man schon damals sein
im Bankgewerbe, was Banker Georg von Siemens (1839 - 1901) den
makabren Spruch klopfen ließ, alle Bankdirektoren jenseits der 50
solle man totschlagen.

Als Eugen Gutmann in die Jahre kam, verhalf er seiner Bank 1904 noch durch einen profitablen Staatsvertrag mit Preußen zum Status Weltbank. Der Patriarch hatte seit 1884 seinen Chefsessel in der Berliner Behrensstraße.  In die Heimatstadt aber, zum Stammhaus in die König-Johann-Straße 3 (unweit des heutigen Kulturpalastes), kehrte er des Öfteren zurück. Bereits 80-jährig, wirkte er noch als Ehrenpräsident.

1925 starb der Finanzmagnat, von dem man sagt, er sei ein Musterbeispiel an Optimismus, Wagemut und Initiative, gepaart mit visionärem Denken und Realitätssinn, gewesen. Und ein Kunstnarr war Gutmann, besaß eine einzigartige Silber- und Kleinodiensammlung, „so etwas in der Art des Grünen Gewölbes", wie es Enkelin Lily aus der Sicht eines Schulmädels in Erinnerung hat.

Anlässlich des 125-jährigen Bankjubiläums eröffneten die Weißgrünen unmittelbar am Brandenburger Tor eine Filiale, das Eugen-Gutmann-Haus. Zur Einweihung 1998 waren auch Lily Collas Gutmann, deren Eltern im Konzentrationslager ermordet wurden, sowie weitere Angehörige zugegen. Ehren wolle man den Stammvater der Dresdner Bank, so vernahm man aus der Frankfurter Zentrale, indem im Berliner Haus nicht nur Geldgeschäfte getätigt werden, sondern auch ein Forum entsteht für freimütigen Gedankenaustausch und anregenden Kunstgenuss.

Johann Carl Thieme

SCHÖPFER DES DRESDNER BUKETTS

Die Dresdner Blume, das Dresdner Bukett - in Porzellan gebunden, erblühen sie am Rande des Plauenschen Grundes in Freital-Potschappel in der Sächsischen Porzellan-Manufaktur Dresden. Und dies seit 125 Jahren.

Den Maurersohn und -gesellen Johann Carl Gottlieb Thieme, geboren 1823 in Niederjahna bei Meißen, lockte die rege Bautätigkeit 1823 in die sächsische Residenz. Glaubt man der Familienlegende, so beteiligte sich Thieme als Maurergeselle schöpferisch an der Zube-

Älteste Ansicht der Porzellanfabrik um 1872, anonyme Malerei auf Porzellan. Rechts sind die Produktionsräume zu erkennen.

Beständig wird der Formenschatz der Manufaktur erweitert. Zu den Neuschöpfungen gehört auch der Mohr nach dem Permoser-Original im Grünen Gewölbe.

reitung von neuartigem Stuckmarmor für das erste Sempersche Hoftheater. Der künstlerisch talentierte junge Mann drechselte Möbeldekor, schnitzte volkstümliche Holzfiguren, reparierte Haushaltkeramik. Für reisende Engländer soll Thieme aus einer Bruchkiste der Königlichen Porzellansammlung im Japanischen Palais neuwertige Miniaturen zusammengefügt haben. Und so wurde Sammlungsdirektor Gustav Klemm auf den Hobby-Porzelliner aufmerksam, und beauftragte ihn daraufhin schließlich zunehmend mit Reparaturen.

1864 begann Thieme mit der Hausmalerei auf Weißporzellan aus Thüringen. Vier Jahre später eröffnete er eine Kunst- und Antiquitätenhandlung in der Victoriastraße am Ferdinandplatz, später im Singerhaus auf der Prager Straße (1945 zerstört). Und seit dem 17. September 1872 brannte Carl Thieme seinen eigenen Scherben im verkehrs- und bodenpreisgünstigen Industriedorf Potschappel. Sein Markenzeichen: ein „T" über dem Fisch in Blau. Seine Spezialität: Zier- und Luxusporzellan mit schwerem Dekor, das als Dresdner Bukett bezeichnete handgemalte Arrangement naturalistischer Blumen.

Über 12 000 Modelle bilden das Kapital der Manufaktur. Im Bild oben wird eine Vase nach dem Guss aus ihrer Form genommen.

Bis zu 800 Schnitte müssen ausgeführt werden, damit aus der lederharten Porzellanmasse schließlich dieser zarte, feingliedrige, durchbrochene Korb entsteht.

Der naturalistische Blumenbelag ist ein Markenzeichen des Dresdner Porzellans. Im Bild wird Blatt für Blatt mit der Hand geformt und zu Blüten zusammengesetzt.

Carl Thieme galt als klassische Gründerpersönlichkeit mit klarem
Verstand und produktiver Phantasie. Gemeinsam mit seinem späteren Kompagnon, dem Blumenmodelleur Karl Kuntzsch, führte er
das Unternehmen über magere Jahre und Krisen hinweg, widersetz-
te sich mit Erfolg Nachahmern und Billigerzeugern. Zehn Jahre nach
Betriebsaufnahme hatte der „Dresdner Scherben" den europäischen
Markt erobert und die Neue Welt erreicht, wo Luxus-Porzellan-
lampen zum Verkaufsschlager wurden.

Und „China Dresden" blieb auch in den folgenden Jahrzehnten, als nach Thiemes Tod 1888 das Unternehmen von der Familie Kuntzsch geführt wurde, ein weltweit hoch geschätztes Markenprodukt. Es überstand Weltkriege, luxuskarge Nachkriegszeiten, Wirtschaftskrisen, Enteignung, staatlich befohlenes Exportdasein und mühevolle Reprivatisierung. Der gute Ruf von „SP Dresden" wird heute wieder im eigenen Lande vernommen und in alle Welt hinausgetragen.

Carl Eschebach

ER WAR KLEMPNER
VON BERUF...

Im Winter des Jahres 1905 relaxte der Geheime Kommerzienrat Eschebach, durchaus nicht inkognito oder gar auf sächsische Staatskosten, an der Riviera. Der Produzent von Küchenmöbeln, Eisschränken und Badewannen aus Dresden konnte zu dieser Zeit auf ein großes Lebenswerk zurückblicken - die Vereinigten Eschebach'schen Werke mit 2 000 Beschäftigten und einer jährlichen Gesamtproduktion im Werte von sechs Millionen Mark. Eschebach war der klassische Aufsteiger „vom Tellerwäscher zum Millionär".

Modelleure und Mechaniker der Firma Eschebach & Haussner um 1885 (oben).
Reformküchen-Ensemble um 1938 (Seite 132).

Deutsche Tellerwäscher waren Klempner von Beruf, aufgeweckt und unternehmungslustig. Eschebach bestieg die Leiter des Erfolges zunächst als Meister in Nöten, der sich die Löhnung für seine drei Arbeiter zusammenborgen musste und zeitweilig wieder als Gehilfe zu Gange war. Ein verdienter Urlaub also, und selbst ein paar Zockerstündchen im Casino dürfte ihm seine Belegschaft wohl gegönnt haben.

Eisschrank mit weißer Öl-Lackierung und mit Messingbeschlägen aus dem Musterkatalog um 1930 (links) und Küchenbüffet „Erlangen um 1935" aus dem Katalog „Reformküchen und Küchenbüffets" (rechts).

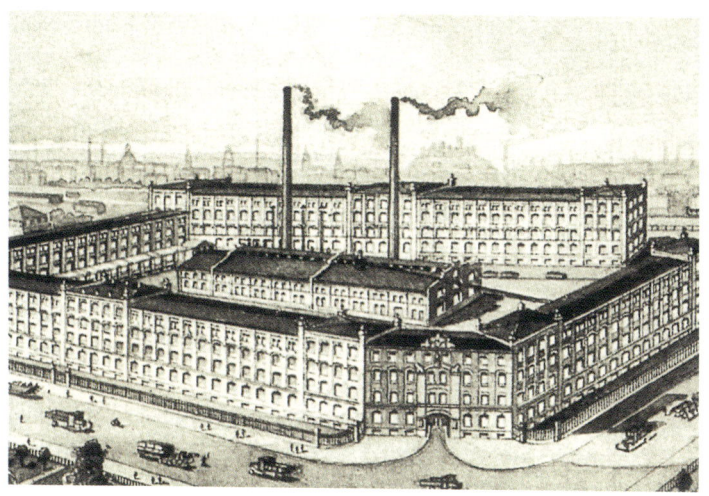

Vereinigte Eschebachsche Werke AG Dresden/Radeberg, Werk Dresden, auf der Riesaer Straße 7.

Und dann der Schock. Am 8. Februar traf den prominenten Gast aus Deutschland der Herzschlag. Carl Eschebach starb mit 62 Jahren in Monte Carlo.

Eschebach wurde als Sohn eines Buchbindermeisters am 4. Mai 1842 in Wittenberg geboren. Wie Großvater und Onkel erlernte er das Klempnerhandwerk, kam von Hannover über Berlin nach Köthen. Dort spezialisierte er sich auf Petroleumkocher, mit denen er zur Leipziger Messe reiste. Zu Beginn der 70-er Jahre siedelte der Jungunternehmer nach Dresden über, wo er auf der Neuen Gasse eine kleine Klempnerei betrieb. 1874 verlegte Eschebach die Produktion in ein Fabrikge-

ORIGINAL ESCHEBACH

Küchenbüfett „ERLANGEN" 180 cm

Oberteil: links: 1 Fach mit 1 Einlegeboden.
Mitte: 2färiges Fach mit 1 durchgehenden Einlegeboden, darunter 1 Nische mit 2 Schubkästen mit Einteilung.
rechts: 1 Fach mit 1 Einlegeboden,
außerdem links und rechts ein kleines Fach mit je 2 großen und 3 kleinen Glaskästen.

Unterteil: links: 1 großes durchgehendes Fach mit 2 Einlegeböden. An der Tür 2 Deckelhalter.
Mitte: 1 Auszichplatte mit Linoleum, 1 herausschwenkbares emailliertes Speisefach, D. R. G. M., an der Türinnenseite 1 Quirlgarnitur.
rechts: 1 Fach mit 3 engl. Auszügen.
Platte sowie Nische und Sockel des Oberteils mit Linoleum belegt.

Korpusmaße ca. 180 × 60 cm
Höhe ca. 180 cm
Unterteilhöhe ca. 100 cm

lände auf dem Pirnaischen Platz. Hier nahm er den Kaufmann Julius Haussner ins Geschäft. Eschebach & Haussner expandierten. Das Unternehmen wanderte von einem Pontonschuppen in der Neustadt (1878) in das ehemalige Garnisonslazarett (1880) mit einem Zweigwerk nach Radeberg (1886), wo speziell emaillierte Blechwaren oder Küchenmöbel hergestellt wurden, schließlich zum modernen Klinkerbau in der Riesaer Straße 7 (1890). Hier entstanden Sanitäreinrichtungen und Metallwaren aller Art für Haus und Küche.

Beide Werke wurden nun in eine Aktiengesellschaft umgewandelt und hießen fortan Vereinigte Eschebachsche Werke. Heute ist der privatisierte Traditionsbetrieb in Radeberg ansässig und nach einem Insolvenzverfahren im Jahre 2001 mit seinen Küchenmöbeln wieder auf Erfolgskurs. Mit dem neobarocken Prunkbau am Albertplatz hat sich Carl Eschebach 1901 ein „Denkmal" setzen lassen. In der

Die ehemaligen Eschebach-Werke, Riesaer Straße (heute Bürohaus, links) und die Eschebach-Villa, heute Volksbank Raiffeisenbank.

Villa mit ihrem exotischen Wintergarten fanden einst Premierenfeiern des benachbarten Alberttheaters statt. Hin und wieder diente der sonnenbelichtete Bau als Drehort für Stummfilme.

Der jetzige Eigentümer, die Volksbank Dresden, ließ die Villa in originaler Schönheit wiedererstehen. Wie einst zu Zeiten Eschebachs, der sich auch als Kunstmäzen einen Namen machte, werden die Räume gelegentlich für Ausstellungen genutzt.

Adolph Salzburg & Söhne

KAUFMANN, ARZT, ANWALT

Auf dem Neuen Jüdischen Friedhof an der Fiedlerstraße (seit 1866) befinden sich die Grabstätten bedeutender Dresdner Unternehmer: der Banker Bondi, v. Klemperer und Arnhold, der Kaufhausbesitzer Messow und Herzfeld, der Zigarettenfabrikanten Feingold und Tenenbaum und auch des Textilkaufmannes Adolph Salzburg. Ihm wird auf einer respektablen Grabplatte auf deutsch und hebräisch für die Ewigkeit „ein fester Wille und ein weiches Herz…ein starker Charakter und Treue wie Erz" nachgesagt. Er habe im Leben das Gute erkämpft und nur Edles

Blick auf die Schloßstraße um 1890, in der sich Adolph Salzburgs „ Tuch- und Modewaren-Engros-Geschäft" befand (oben).

Die vornehme Villa Salzburg auf der Tiergartenstraße (Seite 138).

geschaffen. Davon kann man sich auch heute noch überzeugen. Auf der Tiergartenstraße 8 am Zoo befindet sich die edle Villa Salzburg, ganz im Stil der Dresdner Schule Georg Hermann Nicolais 1874 errichtet. Der Neorenaissance-Bau gilt als Überrest der Bauten im sogenannten Englischen Viertel.

Der Bauherr der Villa, Adolph Salzburg, wurde 1838 in der damaligen preußischen Provinz Posen geboren. Nach einer kaufmännischen Lehre in Berlin ließ er sich in Dresden nieder und gründete ein „Tuch- und Modewaren-Engros-Geschäft". Das Importgeschäft für vorzugsweise englische Textilien befand sich auf der Schlossstraße. Salzburg galt als ein äußerst zielstrebiger junger Mann. Nach relativ kurzer Zeit war er so vermögend, dass er sich fortan dem Erwerb und der Bebauung von Landbesitz widmen konnte. Dazu angeregt wurde Salzburg offenbar von seinem geschäftstüchtigen Schwiegervater Laskel Mendel, der die Konzession besaß, die Senkgruben Dresdens (Volksmund: „Scheiß-Mendel“) zu leeren. Thekla Salzburg geb. Mendel starb schon 1890 im Alter von 45 Jahren, Adolph Salzburg 1909.

Aus der Ehe gingen sechs Kinder hervor. Der älteste Sohn, Dr. Siegmund Salzburg (1868-1932), machte sich als HNO-Arzt, der zahlreiche Dresdner Opernstars behandelte, einen Namen. Er heiratete die Tochter des Spediteurs Kommerzienrat Carl Samuel Glückmann, Elsa Clara. Glückmann kaufte die Villa nach Salzburgs Tod und ließ sie 1909/10 umbauen und erweitern. Dr. Friedrich Salzburg (1874-1953) wirkte als Rechtsanwalt und bewohnte gleichfalls eine „Tiergarten-Villa“ (Nr. 50), die von Lossow & Kühne erbaut wurde. 1937 verließ der angesehene Anwalt seine Heimatstadt und emigrierte nach den USA.

„In diesem Land der Freiheit, in dem herrlichen Kalifornien und dem kultivierten Berkeley“ fanden die Salzburgs eine neue Heimat. Dr. Salzburg schrieb dort seine Memoiren: „Mein Leben in Deutschland vor und nach dem 30. Januar 1933.“ Von seinen vier Kindern lebt heute noch in Berkeley die 1922 in Dresden geborene Tochter Rosemary Heidebrandt geb. Salzburg.

Grabstätte von Siegmund Salzburg auf dem Neuen Jüdischen Friedhof.

DER MANN, DER DIE SCHMERZEN LINDERTE

Bayers Aspirin hatte Geburtstag. Seit 100 Jahren muss keiner mehr Kopfschmerzen hinnehmen. Jedoch in Dresden, auf der Leipziger Straße, war das Wundermittel in seiner Urform schon vorher bekannt.

1874 begann Dr. von Heyden in der Wagenremise seiner Villa „Adolph" Salizylsäure zu produzieren. Mit Nebenwirkungen freilich. Erst 1897 setzte der Siegeslauf des verträglichen Schmerzkillers in Großproduktion ein unter dem Namen Acetylsalizylsäure(ASS)

Die erste Produktionsstätte für Salicylsäure in der Wagenremise der Heyden'schen Villa (im Vordergrund).

oder kurz Aspirin (im Westen Deutschlands) oder Acetylin, später Acesal (im Osten).

Friedrich von Heyden wurde 1838 als Sohn eines Oberregierungsrates in Breslau geboren. Im Elternhaus fand er eine geistig anregende und dem Musischen zugeneigte Atmosphäre vor. Und so soll der junge Heyden später im Dresdner Dilettantenorchester recht passabel Violincello gespielt haben. Nach dem Abitur in Breslau, der kurzen Dienstzeit in einem Pionierbataillon sowie einer Kriegsverpflichtung im Johanniterorden entschied sich der 33-jährige schließlich für ein Chemiestudium in Dresden. Nach zwei Jahren schon promovierte Heyden mit einer Dissertation über Diazophenole zum Doktor der Philosophie (!).

Hermann Kolbe, der Vater der Salicylsäure-Synthese aus Marburg und später Leipzig, suchte damals einen tatkräftigen Jungunternehmer, der sein Verfahren technisch umsetzen konnte. Professor Schmidt von der TH Dresden empfahl seinen Schüler Heyden,

den fortan eine herzliche und produktive Freundschaft mit Kolbe verband. Mit einer Kapitalanlage von 1 500 Mark nahm Heyden also in der erwähnten Villa (heute abgetragen) mühselig die Produktion auf, und die benachbarte Arzneifirma Gehe & Co. erwarb die ersten 500 Gramm Salizylsäure.

Kredite des Bankhauses Lüders und später der gleichfalls jungen Dresdner Bank ermöglichten es von Heyden, schon 1875 in Radebeul in günstiger Lage zu Elbe und Eisenbahn und bei niedrigen Bodenpreisen seine „Salizylsäurefabrik Dr. F. v. Heyden" zu errichten. Kolbe brachte die Patente und Schmidt das profunde Hochschulwissen in das bis in die USA expandierende Unternehmen ein.

1885 zog sich der Firmengründer überraschend von der Betriebsführung zurück. Nach der Umwandlung der Fabrik in eine Aktiengesellschaft stellte sich dann von Heyden noch einmal als Vorsitzender des Aufsichtsrates an die Unternehmensspitze. Das Werk produzierte neben diversen Arzneimitteln unter anderem auch Süßstoff und Chemikalien für Röntgenfilme. Erst 1919 gab der 82-jährige seinen Vorsitz im Rat ab. Am 1. Mai 1926 starb Sachsens verdienstvoller Pharma-Pionier, mit dem das Zeitalter der industriellen Wirkstoffsynthese begonnen hatte.

Die ehemalige Salizylsäurefabrik Dr. F. v. Heyden in Radebeul, Meißner Straße 35, heute Degussa AG, Werk Radebeul.

Georg Arnhold

BANKHERR UND SCHATZ-
MEISTER DER BEDÜRFTIGEN

Am 28. Mai 1926 übergibt Stadtbaurat Paul Wolf die neue Schwimmsport- und Badeanlage auf den Güntzwiesen der Öffentlichkeit. Bachs Jubel-Ouvertüre erklingt, 400 Schulkinder marschieren in das Bad, dessen Tribünen 5 000 Zuschauern Raum bieten. Dann geht ein Raunen durch die Reihen: Erich Rademacher, der Weltrekordler im Brustschwimmen, zieht zwei Bahnen im 100-Meter-Becken. Und DSV-Sportler Baumann zeigt famose Sprünge vom Turm aus zehn Meter Höhe. Alle sind

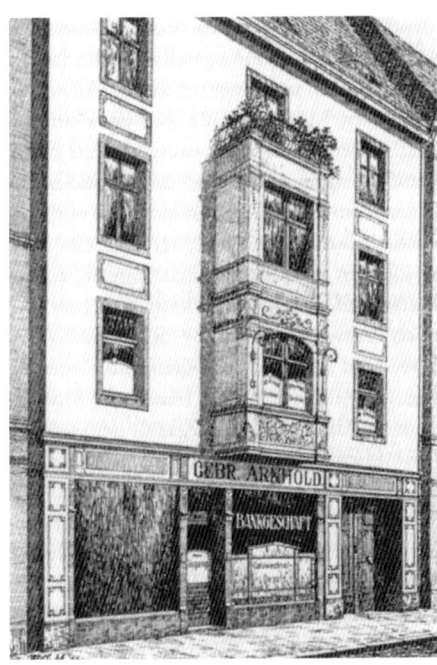

Bankhaus der Gebrüder Arnhold in der Waisenhausstraße um 1875 (links).

Im Georg-Arnhold-Bad kann man sommers wie winters baden - im Hallenbad mit Whirlpool (Seite 146) wie auch im 30 Grad warmen Außenbecken. Das Bankhaus Arnhold bestritt bereits 1923-26 rund 70 Prozent der Baukosten und beteiligte sich nach 1990 erneut an der Finanzierung der Anlage - diesmal am Umbau zum städtischen Erlebnisbad.

sich einig, diese Anlage ist mustergültig. Applaus für den Ehrengast, den Sponsor und Namensträger des Bades, Geheimrat Georg Arnhold!

Nur wenige Monate vergehen, da trauern nicht nur Dresdens Badefreunde und Wassersportler um einen „weitschauenden und opferfreudigen Bürger ihrer Stadt". In der Nacht zum 26. November erliegt Georg Arnhold in Innsbruck einem Schlaganfall.

Geboren wurde der Sohn eines Armenarztes am 1. März 1859 in Dessau. 1864 zog die Familie nach Berlin. Georgs Bruder Max ging nach Dresden, wo der 19-jährige mit einem bescheidenen Startkapital Teilhaber eines Bankhauses wurde. 1875 beteiligte sich auch Georg am Unternehmen, das nun unter „Bankhaus Gebr. Arnhold" firmierte. Zu Beginn des Weltkrieges nannten die Arnholds Sachsens größte Privatbank ihr Eigen. Georg Arnhold wirkte in Aufsichtsräten von 50 Aktiengesellschaften. Und 1935, als die Enteignung und Vertreibung der Bankiers jüdischen Glaubens bevorstand, zählte das Dresdner Bankhaus auf der Waisenhausstraße mit der Berliner Filiale zu den fünf bedeutendsten Privatbanken in Deutschland.

Den Bankherrn, dessen Brüder und vier Söhne, ja alle Nachfahren bis zur heutigen Generation schätzte man als großzügige Mäzene der Kunst und Förderer von Wissenschaft und Volksgesundheit. Ihr soziales Engagement vor allem für Dresden und seine Bürger wurzelte im Religiösen, diente gewiss auch der Abwehr von Vorurteilen und entsprach der noblen Haltung eines liberalen Unternehmer- und Bildungsbürgertums. Als Schatzmeister wirkte Georg Arnhold für ge-

Albert Einstein an seinem Schreibtisch in Princeton.

149

Walter Gropius und Adolph Meyer, Fagus-Werke, Alfeld, 1911-14.

meinnützige Vereine wie den Verband für Jugendhilfe oder den Verein für bedürftige Schulkinder. Beispielhaft war der „Gebr. Arnholdsche Pensionsverein". Fördermittel des Bankhauses flossen in die Stiftung „Sächsische Industrie", in die meist schmalen Kassen der Technischen Hochschule, der Kunstakademie, des Philharmonischen Orchesters und vor allem in die von Bertha von Suttners gegründete deutsche Friedensgesellschaft.

Und das Haus Arnhold war jederzeit offen für progressive Künstler und Gelehrte. Zu den Vortrags- und Gesprächsabenden ab 1919 in der Villa Tiergartenstraße 32 (1945 zerstört) sah man Einstein, Gropius und Kandinsky.

Exakt 70 Jahre nach der Vertreibung kam Gerard Arnhold (Sao Paulo) in seine Geburtsstadt, um

*Wassily Kandinsky, „Improvisation Klamm",
1914, Leinwand.*

150

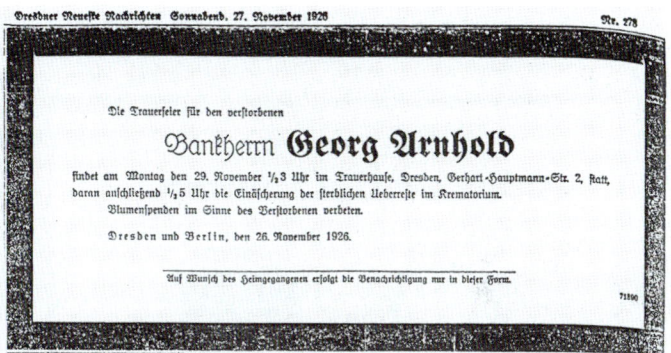

wie Großvater als Schatzmeister des neuen „Fördervereins Dresdner Philharmonie e.V." zu fungieren. Und Henry Arnhold (New York) möchte gar die Tradition der Dresdner Diskussionsabende wieder aufnehmen. Kehrt mit den Enkeln der gute Geist der Arnholds in die Stadt zurück?

Grabstätte von Georg und Anna Arnhold auf dem Neuen Jüdischen Friedhof.

151

Paul Gustav Leander Pfund

MILCHMANN
UND KOMMERZIENRAT

Irgendwann soll man hier, an der Bautzner Straße, einen republikbunten Schluck „Hundertwasser" nehmen können. Noch aber ist es der „schönste Milchladen der Welt", der kundige Kunden anlockt. Dem Fremden kann es dabei durchaus widerfahren, dass er den Laden als potenzieller Käsekunde betritt und, überrascht von der Pracht der Molkerei-Ikonen, als konsumgeläuterter Galeriefreund wieder verlässt. Die einst von Villeroy & Boch gestaltete und mit freundlicher Beihilfe dieses ehemaligen auch in

Dresden ansässigen Keramikbetriebes nach 100 Jahren zu neuem
Glanz sanierte Milchkunsthalle auf der Bautzner Straße war das Herz
eines unternehmerischen Imperiums.

Der Imperator hieß Paul Gustav Leander Pfund, geboren 1849.
Mit Frau Mathilde, sechs Kühen und etlichen Schweinen war der
Landwirt aus Reinholdshain 1879 nach Dresden gekommen. Gemeinsam mit Bruder August Friedrich, einem Schauspieler, der schon
1883 starb, später mit seinen Söhnen Kurt und Max, überzog der
erfolgreiche Milchmann die Stadt mit einem Versorgungsnetz für

Pfunds Molkerei zwischen Bautzner und Prießnitzstraße.

Molkereiprodukte. 49 einschlägige Geschäfte gehörten den Pfunds zum 25. Betriebsjubiläum. Die 125 „mobilen Milchläden" mit schmuck uniformierten Kutschern und flotten Austragsburschen zählten lange Zeit zum Dresdner Stadtalltag.

Paul Pfund war ein Molkerei-Revolutionär. 1886 produzierte er die erste deutsche Kondensmilch, zur Jahrhundertwende führte er die Dauerpasteurisierung ein. Pfund entwickelte Kindernahrung in Muttermilchgüte, Milchseife für empfindliche Haut und schuf mit einer Verpackungsfabrik (bis zu 40 000 Blechdosen täglich), mit Druckerei, Wagnerei oder Verzinnerei für Kannen, einem Molkereihof mit Musterstallung und zahlreichen weiteren Zweigbetrieben ein nahezu autarkes Großunter-

nehmen. Die Gebrüder Pfund fassten in Berlin und Hamburg Fuß, auch in Böhmen, unterhielten ein Handelsbüro in London und machten selbst im heißen Afrika müde Männer wieder munter. Alles Pfund oder was?

Als vorbildlich für jene Pionierzeit galten die sozialen und kulturellen Einrichtungen: die eigene Betriebskrankenkasse seit 1890, das

Um 1900 wohnte die Familie Pfund in der heute sanierten Villa Prießnitz-straße 8.

„Der schönste Milchladen der Welt" auf der Bautzner Straße heute.

Bad, ein Festsaal mit Bühne, der Kindergarten, Dienstwohnungen und nicht zuletzt eine „Bierschwemme" für Milchkutscher nach Dienstschluss.

Paul Pfund, der 1923 verstarb, wurde 1900 mit dem Titel „Königlich Sächsischer Kommerzienrat" geehrt. Das Unternehmen, zunächst von den Söhnen weitergeführt, verkam nach der Verstaatlichung 1972 zusehends. Doch finanzkräftigen und traditionsbewussten Investoren ist die Wiederbelebung eines großen Namens und eines kleinen Kunstwerkes zu verdanken. Und mit diesem Pfund darf man getrost wuchern.

Georg A. Jasmatzi

RAMSES
VON STRIESEN

Der „Blaue Dunst", den unsere Altvorderen um 1850 abließen, stammte meist aus Zigarren oder Pfeifentabak des Hauses Collenbusch auf der Hauptstraße. Die mit fein geriebenem Tabak gefüllten Papierröllchen aber waren damals eine „Spezi" der Türken und Russen. Im Krimkrieg, dem ersten Stellungskrieg der Militärgeschichte, rauchten nicht nur die Granaten. Türken boten während der Gefechtspausen den Verbündeten aus Mitteleuropa ihre Glimmstengel an, und der Gegner paffte Papyrossi. Russische Juden, auf der Flucht vor Pogromen, verhalfen der Ziga-

rette zum Sieges-„Zug" durch Europa und machten dabei auch in Dresden Station. Die Zentren der neuen Sucht blieben vorerst St. Petersburg und Konstantinopel.

Der Grieche Georg A. Jasmatzi, dessen Mutter den klangvollen Mädchennamen Kerikiza Hatzifoti trug, kam in Konstantinopel zur Welt und in Dresden mit dem Duft des Orients zu Reichtum und Ehren. Beim Petersburger Zigarettenfabrikanten Baron Joseph von Huppmann, der 1861 in Dresden eine Filiale mit einem Tabakschneider und sechs Arbeiterinnen gegründet hatte, begann des Griechen Karriere. 1868 nahm er in Huppmanns „Laferme" auf der Ostra-Allee die Stelle eines technischen Werkführers an. 1880 machte sich Jasmatzi selbständig. In einem Laden im Gutenbergpalais neben dem Cafè König in der Waisenhausstraße verkaufte er seine Orientstäbchen und fand dafür reißenden Absatz. Kenner rühmten das besondere Aroma der Tabakmischungen der Marken Ramses, Cheops oder Hellas. Jasmatzis Zigarettenduft verbreitete sich weltweit.

1889 expandierte das Unternehmen. Es entstand eine große Fabrikanlage zunächst auf der Blasewitzer, später Schandauer und Glashütter Straße. 1901 wurde das Familienunternehmen Aktiengesellschaft, die bald von der British American Tobacco Company kontrolliert wurde, was den Begründer schon ein Jahr darauf zum Austritt veranlasste. Erst nach sechs Jahren machte der Dresdner

Zigarettenkönig mit seiner neuen Firma „Georg Jasmatzi & Söhne" (Anton, Konstantin) als Produzent von Zigarettenmaschinen wieder von sich reden. 1911 produzierten die Jasmatzis mit eigenen Maschinen wieder Zigaretten. Die Dubec-Gold, Hänsom, Sphinx und Zwei Kaiser lösten sich gewinnträchtig und massenweise in Rauch auf. So avancierte der „Gastarbeiter" aus der türkischen Hauptstadt von einst zum Begründer der modernen Dresdner Zigarettenindustrie. Mit den zahlreichen großen und kleinen Firmen in der Stadt hatte Sachsen 1929 ein Tabaksteueraufkommen von üppigen 250 Millionen Reichsmark aufzuweisen.

Die Initiative Jasmatzis machte Dresden zu einem der größten Stapelplätze für Orienttabake und einem bevorzugten Standort der Zigarettenmaschinenindustrie. Der rührige Unternehmer im Range eines griechischen Konsuls starb 1922. Das Stammwerk mit seiner wechselvollen Geschichte - zu DDR-Zeiten firmierte Jasmatzi als „volkseigene" Zigarettenindustrie Dresdens - in Striesen präsentiert sich seit 1992 äußerlich fein saniert und technisch up to date. Philip Morris heißt hier der neue Hausherr.

Die Produktionsstätte der „f 6" an der Glashütter Straße: Der neue Hausherr heißt jetzt Philip Morris.

Hermann Ilgen

DER GEHEIME HOFRAT MIT DER GIFTKÜCHE

W as ich mit der rechten Hand ausgab", gestand der Hofrat anlässlich seines 70. Geburtstages 1926, „wurde mir in die linke doppelt zurückgegeben." Das waren damals bereits fünf Goldmillionen für gemeinnützige Zwecke. Hermann Ilgen - ein Märchen vom „Esel-streck-dich"?

Vater Ilgen hätte seinen 1856 in Wurzen geborenen Stammhalter gern in einer klerikalen Laufbahn gesehen. Hermann aber setzte mit freundlicher Unterstützung seiner Mutter naturwissenschaftliche

Die Prager Straße - im Bild ihr südlicher Eingang am Hauptbahnhof - galt bis 1945 als eleganteste Stadtmeile Dresdens. Hier kaufte Ilgen gleich mehrere Häuser.

Das Rudolf-Harbig-Stadion, die ehemalige Ilgen-Kampfbahn (Seite 162).

Neigungen um und studierte in Leipzig Chemie und Pharmazie. 1880 fuhr der junge Ilgen dann mit dem Zug nach Kötzschenbroda und kaufte vor Ort eine Apotheke.

Hier hörte er von der landesweiten Mäuseplage, die in Baden die Bauern zur Verzweiflung und an den Rand des Ruins trieb. Da zog sich der tatendurstige Jungpharmazeut in seine Giftküche zurück und drehte phosphorhaltige Pillen, mit denen man lästige Nager flächendeckend mausetot machen konnte. Bis zu 30 Zentner Mäusegift verließen Ilgens Labor täglich. „Es" kehrte reich vergoldet zurück.

Was nun tun mit all dem Reichtum? Erst einmal kaufen, kaufen, am besten gleich den gesamten Kaiserpalast und mehrere Häuser auf der zukunftsträchtigen Prager Straße. Und dazu noch jene von Martin Pietzsch 1891 im spätklassizistischen Tempelstil errichtete Villa auf der heutigen Loschwitzer Straße als Ruhe- und Alterssitz mit einem dort zur Schau gestellten Luxussarg für alle Fälle.

Ja, ein wenig skurril war der Ilgen schon, und ziemlich eitel. Er schuf und stiftete sogar eine Goethe-Plakette, die er mit dem Nobelpreis verglich. Er selbst sammelte leidenschaftlich Orden und Titel, die Goldene Ehrengedenkmünze der Stadt Dresden, den Ehrenbürgerbrief von Blasewitz, den Geheimen Hofrat... Einen preußischen Adelstitel dagegen schlug der Sachse wacker aus. Jägerlatein beherrschte Ilgen aus dem Effeff. Oder hingen wirklich Gehörne des größten Rehbockes und des größten Büffels der Welt in seinem Jagdzimmer?

Wie Pharma-Kollege Lingner war Ilgen ein „Rundumsponsor", ein richtiger kommunaler Wohltäter. Er sah sich gern als „Vater des Sports" von Dresden, ließ am Großen Garten 1923 die „Ilgen-Kampf-bahn", heute Rudolf-Harbig-Stadion, errichten, stiftete Sport- und Wanderpreise en gros. Anlässlich des 100. Todestages des Dichters 1932 finanzierte er den Bau der „Goethe-Kulturhalle" in Leipzig.

Ilgen hatte freilich auch ein Herz für den notleidenden Künstler von nebenan. Der schreibende Pfarrer Karl Josef Friedrich wusste von Ilgens Jux-Geldmaschine zu berichten, einer Walze mit einem Drehling an der Seite. Sie produzierte unverdrossen Zwanzigmark-scheine aus weißem Papier. Eine Bitte allerdings pflegte der noble Fälscher dem Geldschein nachzuschieben: „Bitte, verraten Sie mich nicht, lieber Freund!" „Nein, nein Ehrenwort!" Das galt bei Geld schon damals.

Der Geheime Hofrat, öffentliche Lebenskünstler und „allgemein geschätzte Wohltäter der Stadt Dresden" starb am 15.April 1940.

Ilgen-Villa auf der Loschwitzer Straße.

E. PASCHKY

Im Kühlwaggon Freitag früh eintreffend:

Schellfisch

Pfund 25 Pf. im Anschnitt Pfd. 28 Pf.

ff. geräuch. Fluß=Lachs ¼ Pfd. **90 Pf.**

Bund=Aale 4 Stück = 200 g nur **85** Pf.

Allerfeinste Fisch-Delikatessen von pikantem Wohlgeschmack:
Norw. Fettheringe in Tomaten ½ Dose ca. 375 g **75 Pf.**

Schlutuper Bratheringe Extra billige 1·Liter·Dose **72** Pf.

la Gabelbissen ½·Pfd.·Dose nur **85** Pf.

Sprotten in Oel 1·Pfd.·Dose nur **120** Pf.

Großer Bratrollmops 1·Liter· Dose nur **1.-**

Rollmops in Mayonnaise
½·Liter·Dose **125 Pf.** ¼·Liter·Dose **65 Pf.**

Aus Brabanter Sardellen und reiner Tafelbutter zubereitete
Sardellen=Butter ¼ Tube 75 Pf. ½ Tube 40 Pf.

Anchovis=Paste ¼ Tube 65 Pf. ½ Tube 35 Pf.

August Paschky

KABELJAU
UND KLASSENKAMPF

R och es an einer Ecke der Stadt penetrant, dann hieß es:
„Igitt, Paschky!" In den dreißiger Jahren betrieb „E. Paschky"
(hygienisch korrekt) in Dresden 15 Fischgeschäfte, so
Alaunstraße 2, Hechtstraße 27 oder Leipziger Straße 80.

Zur Freude der Kinder stand in jedem Laden ein Bassin mit lebenden Fischen. Der Fischhändler warb damals für „feinsten See-
lachs, nur 20 Pfennig das Pfund, oder I a Schlutuper Bratheringe für
56 Pfennig die 1-Literdose". Schon vor 100 Jahren annoncierte

Paschky in den DNN oder im Anzeiger. Ein Herr Paschky jedoch fand sich nicht im Dresdner Adressbuch von 1898. Indes wies der Wälzer ein Trio als Geschäftsinhaber aus, nämlich Planitz, Braune & Klunker. Wer heute wissen will, was jene Herren mit August Paschky zu tun hatten, findet die Antwort nicht in der damaligen bürgerlichen Presse, sondern allein in der Sächsischen Arbeiterzeitung vom 5. August des Jahres 1891. Und dies hatte seinen guten Grund.

Das sozialdemokratische Blatt teilte seinen Lesern mit, Genosse August Paschky sei am 3. August nach qualvollem Leiden im Alter

Hier, an der Leipziger Straße 80 / Ecke Oschatzer Straße, befand sich vor 1945 einer von 15 Paschky-Läden.

von 41 Jahren verstorben. Seit Anfang der 70er Jahre habe er der Partei angehört, während der Zeit des Sozialistengesetzes den Beruf als Ziseleur an den Nagel hängen müssen und später als Fischhändler gearbeitet. Aus den kleinsten Anfängen heraus, vom Hausieren mit Fischen, habe sich Paschky unter unsäglichen Anstrengungen zu einem verhältnismäßigen Wohlstand emporgearbeitet. Und den verdankte er offenbar auch „E. Paschky", seiner Ehefrau, die als Firmeninhaberin fungierte, während er, der Verfolgte und Gemaßregelte, als Prokurist mehr im Verborgenen wirkte.

August Paschky, der rastlose Kämpfer und Agitator, galt vom Wesen her als herzensguter Mensch von oft kindlicher Naivität. Im Jahre 1880 erwischte ihn nachts die Polizei beim Zettelankleben im Malergässchen. Nach kurzem Prozess führte man den Missetäter in Ketten durch die Stadt zum Transport nach Zwickau. Hier musste Paschky anderthalb Jahre Haft absitzen. Dabei holte er sich die Schwind-

sucht, die ihn so jung dahinraffte. Mehr als 3 000 Dresdner waren dem Trauerzug zum Annenfriedhof gefolgt.

Die führende Dresdner Fischfirma wurde ein Opfer der Bomben und neuen Besitzverhältnisse. An ihren Begründer erinnert seit 1926 eine Straße am Plauenschen Grund.

Hermann Herzfeld

WARENHAUSKÖNIG VOM ALTMARKT

Eine ungewöhnliche Todesanzeige eröffnete den Anzeigenteil einer Zeitung im Jahre 1903: „Wegen Todesfalls bleibt mein Geschäft am Montag, dem 16. März, bis Mittag geschlossen. Hermann Herzfeld, Dresden, Altmarkt, Ecke Schössergasse." Der Todesfall war Hermann Herzfeld selbst.

Wie Adolph Renner galt Herzfeld als Warenhauskönig vom Altmarkt. Im Herbst des Jahres 1880 war der Kaufmann aus dem schlesischen Sorau, wo er 22 Jahre lang ein gutgehendes Geschäft betrie-

Das alte Kaufhaus Hermann Herzfeld an der Nordseite des Altmarktes, hier noch mit reicher Jugendstilfassade.

ben hatte, nach Dresden gekommen. In der Schössergasse richtete er einen kleinen Parterreladen ein und handelte dort en gros und en detail mit Posamenten und Wollwaren. Unter der Geschäftsleitung seines Sohnes Martin vergrößerte sich das Geschäft zum Warenhaus zunächst mit Modeartikeln, dann mit Haus- und Küchengeräten. 1897 erwarb Herzfeld das Eckhaus am Altmarkt, das er bald abreißen und 1901 vom berühmten Architektenbüro Lossow & Viehweger in Beton und Glas mit einer üppigen Jugendstilfassade neu aufbauen ließ. Die Presse jubelte, Dresden sei nun um einen Prachtbau reicher. Andere sahen im Neubau an historischem Ort einen architektonischen Fremdkörper. Die Warenhausbesucher indes, zählten sie zu „Besserverdienenden", genossen den Kaufrausch in vollen Zügen.

172

Das Kaufhaus Altmarkt / Ecke Schössergasse nach dem Umbau 1913 (oben).
Exlibris aus einer Herzfeld-Werbung (Seite 171).

Zu den Attraktionen zählten die riesigen und stets geschmackvoll dekorierten Schaufensterfronten, ein großer Lichthof, die Freitreppe, elektrisch betriebene Aufzüge, ein Erfrischungsraum mit Live-Musik sowie eine Leihbibliothek mit 10 000 Bänden. In den oberen Etagen hatte man einen imposanten Ausblick auf den Altmarkt.

Die Vita des Kaufhausgründers ist kaum überliefert. In einem kurzem Nachruf hieß es, der Entschlafene habe es durch rastlosen Fleiß bis zur jetzigen Höhe gebracht. Und das „Gesamt-Personal" bescheinigte dem „hochverehrten Senior-Chef", der im 73. Lebensjahr verstarb und auf dem Neuen Jüdischen Friedhof bestattet wurde, er sei allen ein seltenes Vorbild außerordentlicher Schaffensfreudigkeit und redlichen Strebens gewesen.

Zwei Jahre nach Hermann Herzfelds Tod verkaufte sein Sohn das Warenhaus an die Familie Oppenheimer, die es 1913 noch einmal zum „größten Warenhaus Sachsens" vergrössern und modernisieren ließ. Zehn Jahre später schloss das Kaufhaus für immer. Bei seiner Umgestaltung zum Bürohaus wurden sämtliche Jugendstilverzierungen abgeschlagen.

Jacques Bettenhausen & Sohn

GROSSER BAHNHOF
FÜR DEN BUCHHANDEL

Bettenhausen? Dresdner Fernsprechverzeichnisse vor 1990 kannten diesen Namen nicht. Und hätte die notorisch misstrauische DDR-Administration jemals Adressbücher veröffentlicht, man wäre auch nicht fündig geworden. Laut Adressbuch der Stadt von 1943/44, in dem sogar die Grundstückseigner ausgewiesen waren, besaßen die Bettenhausens mit ihrer „Kurhaus- und Parkhotel Weißer Hirsch GmbH" noch ein gutes Stück vom „Hirsch" mit einem Umfang von etwa 12 000 Quadratmetern.

Jacques Bettenhausens Frau Marie mit Sohn Herbert und Tochter Käthe.

Mitbegründer dieses Unternehmens war Jacques Bettenhausen (1866-1944). Als 20-jähriger kam Jacques, der damals noch Jakob hieß, aus dem Hessischen in die sächsische Residenz. Er hatte weder Gut noch Geld und nach dem frühen Tod des Vaters für 13 Geschwister zu sorgen. Bettenhausen besaß einen kleinen Laden, den er am Bauche trug, und bot auf dem Hauptbahnhof Reisenden Lektüre an. Und da der junge Mann über Geschäftssinn verfügte, stand er auf den Fernbahnsteigen und verkaufte vorzugsweise preiswerte Büchlein, die lange Reisezeiten kurzweilig erscheinen ließen. Bald setzte er seinen Bauchladen als Kiosk in der Bahnhofshalle ab und gründete die Firma „Jacques Bettenhausen & Sohn - Bahnhofsbuchhandel". Man riss sich um die Reisebücher, und das Unternehmen expandierte von Dresden aus auf allen Strecken. Bettenhausen pachtete exklusiv Standorte auf den großen Bahnhöfen Sachsens. Man sah ihn in Budapest und Warschau. Und er beherrschte den „Untergrund" von Berlin.

Es ist die Legende vom Manne, der es mit Tatkraft und Weitblick vom armen Schlucker zum Millionär gebracht hat. Die Millionen flossen in Grundstücke und Bauten nicht nur am „Hirsch", auch in der Innenstadt. Selbstverständlich waren die Bettenhausens Eigentümer ihrer Wohnhäuser auf der Sidonienstraße 25 und Werderstraße 42, wo Junior Dr. jur. Herbert Bettenhausen wohnte. Das Un-

Das Park-Hotel, neben dem Angelika Bettenhausen nach 1993 das Hotel und Restaurant „Villa Emma" eröffnete.

ternehmen betrieb ab 1920 auch die Parklichtspiele am Weißen Hirsch. Die Familie Bettenhausen erwarb das Rittergut Röhrsdorf, wo dereinst August der Starke genächtigt haben soll.

1944 starb der Begründer des deutschen Bahnhofsbuchhandels. Das Jahr 1945 dürfte aus der Sicht der Bettenhausens wohl kaum ein Jahr der Befreiung gewesen sein. Ihr Besitz wurde enteignet. Das Gut brannte nieder. Die neuen Machthaber beschimpften die Witwe des in ganz Europa geschätzten Pioniers des Bahnhofbuchhandels als „Großkapitalistin" und ließen sie auf einem Heuwagen durch Röhrsdorf ziehen.

1991 kam Angelika Bettenhausen, die Enkelin aus Heidelberg, in die Stadt der Eltern und Großeltern, um sich als Sprecherin einer neunköpfigen Erbengemeinschaft dem verlorenen und teils maroden Besitz zu widmen und ihn wieder auf gesunden Kurs zu bringen. Bereits 1993 eröffnete die langjährige Geschäftsführerin der „Kurhaus- und Parkhotel Weißer Hirsch GmbH" das Hotel und Restaurant „Villa Emma", wo man „Ruhe und Komfort mit gediegener Eleganz" genießen konnte. Die sanierte Villa, derzeit in einen hoffentlich erfrischenden „Dornröschenschlaf" versetzt, ist nicht das letzte Dresdner Projekt, wofür sich Angelika Bettenhausen, die bankerfahrene Juristin und Heimkehrerin mit Herz für Dresden, zu engagieren gedenkt.

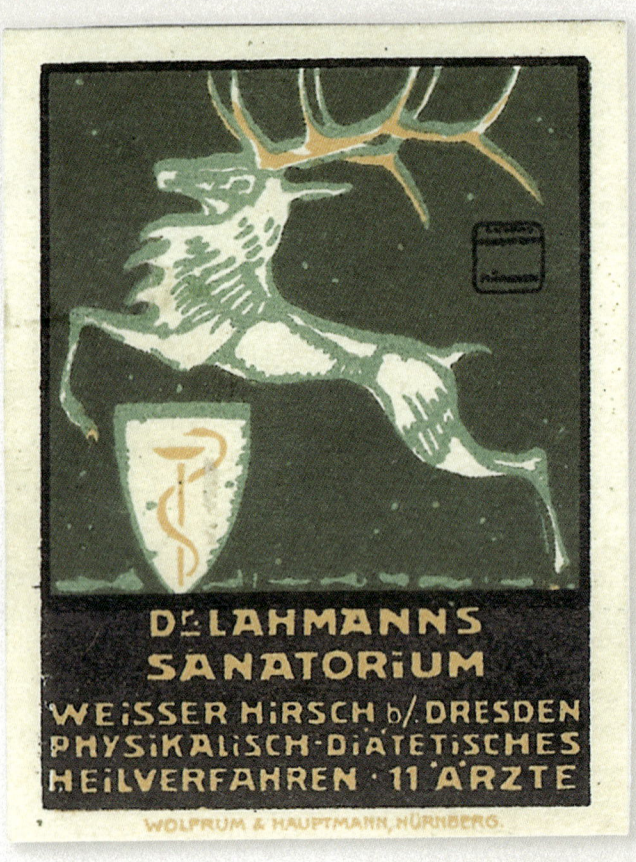

DELAHMANN'S
SANATORiUM
WEiSSER HiRSCH b/. DRESDEN
PHYSiKALiSCH·DiÄTETiSCHES
HEiLVERFAHREN · 11 ÄRZTE

WOLFRUM & HAUPTMANN, NÜRNBERG.

Heinrich Lahmann

NATURHEILER
VOM WEISSEN HIRSCH

Wer saniert das Sanatorium? Lüder-Michael Lahmann träumte nach 1990 noch davon, für immer zurückzukehren an die Stätte seiner Geburt und das Werk des Urgroßvaters fortzusetzen. Eine medizinische Nutzung des ruinösen Komplexes sei denkbar, eher noch ein Hotel- oder Kongresszentrum, eine Freizeitoase. Bauunternehmer stünden Schlange. Aus der Traum. Die zweimalige Enteignung ist festgeschrieben.

Dr. Lahmanns Sanatorium mit Geschäftsgebäude und Wandelhalle auf einer historischen Postkarte.

Im Jahre 1875 erwarb die Gemeinde Weißer Hirsch den Status „Klimatischer Kurort". Gut Wetter auch für den aus Bremen stammenden Naturheilarzt Dr. Heinrich Lahmann. Von Chemnitz, wo er schon ein Sanatorium leitete, siedelte der 27-jährige 1887 nach Dresden über, übernahm das abgewirtschaftete Fridabad am Hirsch und eröffnete bereits am 1. Januar 1888 in bester Waldesluft sein „Dr. Lahmanns physiatrisches Sanatorium".

Dem von seiner Mission überzeugten Kurarzt und -unternehmer verdankt die Kurheilkunde eine Reihe von Neuerungen vor allem auf dem Gebiet der ganzheitlichen Therapie und naturbelassenen Lebensweise: vegetarische Kochmethoden, die vegetabile Milch zur Säuglingsernährung, die Reform-Baumwollbekleidung oder das Grahambrot. Der Sanatoriumschef selbst war eher ein Workaholic, hielt Vorträge, schrieb rastlos Artikel und Bücher, war für den Fremdenverkehrsverein tätig, kümmerte sich um Abwasserprobleme und wirkte lange Zeit als Ältester im Gemeinderat.

Mit zehn Angestellten, die etwa 20 Patienten betreuten, hatte der Senior begonnen. Als er überraschend 45-jährig verstarb, „erbte" Lahmann jun. 1905 über 4 000 Kurgäste aus zahlreichen Ländern, vor allem aus Russland und den USA. Zu den Kurattraktionen zähl-

Innenansicht der ehemaligen, eleganten Empfangshalle des Lahmann-Sanatoriums.

ten in den folgenden Jahrzehnten die Dienstagabend-Konzerte, die Nobelvillen jenseits des Stechgrundes („Urvasi" mit Einzelzimmer-Balkonen), die Bäder, Sportplätze und Waldliegehallen.

Das Kurtreiben der „Oberen Zwölftausend"- darunter auch Thomas Mann -, der Filmprominenten, Militärs und Hochadeligen, fand nach dem Auf und Ab während der Weimarer Zeit im Jahre 1940 ein jähes Ende. Lahmanns Sanatorium wurde an die Wehrmacht zwangsweise als Reserve-Lazarett verpachtet. Und dann kamen die Russen und enteigneten den „Nazi-und Kriegsverbrecherbetrieb". Die Lahmanns wurden zur Flucht gezwungen, mussten alles Hab und Gut zurücklassen, auch die Bibliothek mit 20 000 Büchern. Nur einer trotzte: Heinrichs Sohn, Dr. Albert Lahmann. Nach mehreren Schikanen und Verhaftungen verließ auch er 1952 seine Heimatstadt und starb kurz darauf.

Unvergessen bleibt ein weiterer Lahmann, der Bruder des Altvorderen, nämlich Johann Friedrich Lahmann (1858 -1937). Seine Leidenschaft war die Kunst. Die Staatlichen Museen, Gemäldegalerie und Kupferstichkabinett, verdanken dem Schriftsteller, Bühnenautor, Dichter und Kunstsammler 50 Ölgemälde sowie etwa 2 000 Zeichnungen und Aquarelle.

Bilz,
Das neue
Naturheilverfahren

Friedrich Eduard Bilz

LICHT, LUFT UND WELLENBAD

Wir schreiben das Jahr 1911: I. Internationale Hygiene-ausstellung in Dresden, Halle 65. Ein rüstiger Voll(bart)mann von 70 Jahren steht an mehreren Tagen fasziniert am Rande des Undosa-Wellenbassins – Eduard Bilz, der Naturapostel aus der Oberlößnitz. Sein Entschluss ist gefasst, die Wellenmaschine muss ins Luft-Licht-Bad. Und seit 1912 steht sie nun dort zum Nutzen der Muskelverspannten und zum Vergnügen der Bademäuse. Die ehrenwerte Großmutter der bewegten Erlebnisbäder dürfte heute die weltweit altersschwächste sein, und

Panorama des Bilz-Sanatoriums mit Pavillons, Türmen und Werbung.

das, obwohl sie sich gemeinsam mit dem gesamten Badkomplex in
der zurückliegenden Zeit einer sanften Verjüngungskur unterzogen
hat.

Friedrich Eduard Bilz war
mehr als ein Gesundbader.
Der Gärtnerssohn, 1842 in
Arnsdorf bei Penig geboren,
ging nach Abschluss der Lehre als Weber auf Wander-
schaft und wurde in Meerane
sesshaft, wo er sich zunächst
mit einem Familienbetrieb als
Weber, dann als Lebensmit-
telhändler selbständig machte. In dieser Zeit begann Bilz
zu schreiben und sich einge-
hend mit gesunder Lebens-
führung zu befassen. Mehrere Krankheiten, die er in jungen Jahren durchmachte, auch
der Tod von vier seiner zwölf
Kinder, dürften Bilz dabei

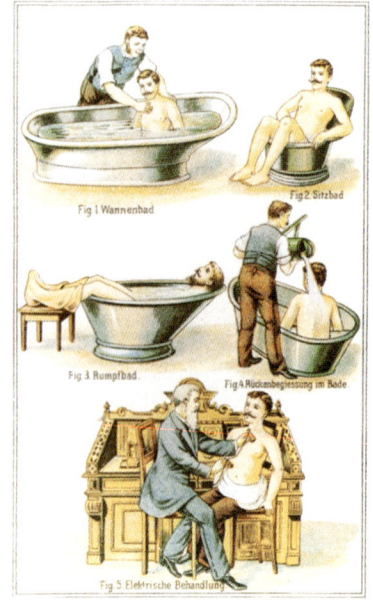

Badeleben wie an der See: das Bilz–Luft- und Wellenbad, historische Aufnahme.

motiviert haben. Im eigenen Verlag erschienen die ersten umfänglichen Veröffentlichungen und 1888 das erste Bilzbuch: „Bilz, das neue Heilverfahren, ein Nachschlagebuch für jedermann in gesunden und kranken Tagen". Das bibeldicke und preiswerte Buch war bald vergriffen, der Autor in seinem Meeraner Häuschen überfordert.

Und so siedelte die Familie 1889 nach Dresden über, wohnte zunächst im Eckhaus Obergraben 2 und erwarb schließlich in Oberlößnitz, dem „sächsischen Nizza" (seit 1934 zu Radebeul), das ideale Anwesen für einen Lebenstraum: die Naturheilanstalt „Schloss Lößnitz". Um die Jahrhundertwende verfügte das Sanatorium mit Fernsicht über die Elbtalweitung hinweg über 180 Betten und war auch technisch komfortabel ausgestattet. Die Behandlungs-, Bade- und Ge-

Die Vorderfront des ehemaligen Wohnhauses der Familie Bilz am Radebeuler Augustusweg 110. Die von Waldemar Hartmann 1844 im neugotischen Stil errichtete Villa war später Kurhaus und ist heute von den Bilz-Erben zu Wohnzwecken vermietet worden (links).

Putten-Torso im Grundstück Bilz, auf dem der Naturapostel seine Naturheilanstalt errichten ließ (unten).

sellschaftsräume waren dampfbeheizt und elektrisch beleuchtet.

Als der Begründer 1922 starb, war die „GmbH Bilz-Sanatorium" europaweit bekannt und bot vor allem für Erkrankungen des Nervensystems und der Luftwege ein gediegenes Spektrum an naturverbundenen Heilverfahren an. Eduard Bilz war auch weit über die Landesgrenzen hinaus mit einem alkoholfreien Erfri-

schungsgetränk, der „Bilz-Brause", sowie zahlreichen diätischen Lebensmitteln, so dem „Bilz-Nährsalz" oder der „Bilz' Mandelmilch-Kindernahrung" erfolgreich.

Obwohl bis zum Jahre 1938 etwa 3,5 Millionen große „Bilz-Bücher" in zwölf Sprachen vertrieben wurden, gerieten der auch sozial engagierte Naturheiler und seine rührigen Nachkommen vor allem mit der Auflösung von Verlag und Sanatorium nach 1945 nahezu in Vergessenheit. Das Bilz-Licht-Luft-Sonnen-Wellenbad jedoch blieb für die Kinder Dresdens ein beliebter Naherholungsspaß.

¶ Von libia der künigin
in libia Das .x. capitel:

Ibia was ein tochter epaphi deß küngs von egipten/von caſ
ſiopia/ſynem wyß geboren/vnd ward gemehelt neptuno/ein
em fremden man/vnd gebar von im Buſiridem/der dar nach ein künig
ward/in der obern egipten/der ſelben libie groſſe tugend vñ gut ge
täten/ſynd vor alter faſt verſchloſſen/aber es iſt wol zemerken/das ir
getäten über groß geweſen ſyen/ſo das groß küngrich libia/von ir em
namen genennet iſt.

Horatius
Quibus mos vnd eſeductus per omne/Tempus.
amaſonia ſecuri de xtras obarmet/Querere diſtuli.

¶ Von marſepia vnd lampedon e den
künigin in amazonia Das .xj. capitel.

Arſepia oder marthesia vnd lampedo ſynd ſchweſteren gewe
ſen/vnd beide zemal küngin der amaſonen. Vnd von durch
lüchtiger/in ſtryt erſagten eren wegen/nempten ſy ſich ſelber mars
töchtern deß gottes. Vnnd darumb/das die ſelbig hyſtory/etwas
freind iſt ſo welle wir wyter dar võ ſage. Das künigrich ſcithia zů dẽ
ſelben zyten/dannocht von wildnús vnnd wüſty vnerbuwen/was
vmbſchloſſen mit bergẽ vnd dem hochmeer: darumb es võ fremden

Gustav und Victor von Klemperer

BANKNOTEN
UND WIEGENDRUCKE

Im Oktober 1942 teilte NS-Gauleiter Mutschmann dem Ober-
finanzpräsidenten in Dresden mit, die Kunstsammlung der
emigrierten Juden von Klemperer sei sichergestellt, dem Deutschen Reich verfallen und den Staatlichen Sammlungen Dresden
übergeben worden. Es handele sich u.a. um 836 Stücke Meißner
Porzellan, um 549 Früh- oder Wiegendrucke, 510 wertvolle Buch-
ausgaben, 136 Möbel von Kunstwert...

Die Villa von Dr.-Ing. Ralph von Klemperer, dem Bruder von Prof. Dr. Victor Klemperer Edler von Klemenau, auf der Wiener Straße 86. Sie überstand zwar den Krieg, ist aber sanierungsbedürftig (links).

Bocccaccio. De praeclaris mulieribus, Straßburg, Prüss 1488 – eine der Inkunabeln aus dem Besitz der Klemperers. In deren Wiegendruck-Sammlung war fast jeder Druckort und jede Druckstätte mit einer charakteristischen Inkunabel vertreten (Seite 188).

Porträt Gustav von Klemperers (Seite 189).

Wahrscheinlich noch in der „Kristallnacht", am 9. November 1939, gelang Prof. Dr. jur. Victor Klemperer Edler von Klemenau, Direktor des Stammhauses der Dresdner Bank, überstürzt die Flucht aus seiner Villa in der Tiergartenstraße 64. Er und sein Bruder Ralph, Direktor einer Kartonagenfabrik, ließen ihr Hab und Gut zurück und wesentlich mehr Kunstgegenstände als von „König Mu" angegeben. Die Sammlung bibliophiler Kostbarkeiten umfaßte 1927 bereits 3 200 Werke. Da hatten sich wohl in den vier Jahren die braunen Nachnutzer der Klemperer-Villen und weitere „Kunstfreunde" schamlos bereichert.

Begründer der einmaligen Sammlung war Gustav Klemperer Edler von Klemenau (1852 -1926), Vorstandsmitglied seit 1890 und später Direktor des Stammhauses der Dresdner Bank, verdienstvoller Finanzberater und Förderer der sächsischen Textil- und Maschinenbauindustrie.

Von Klemperers ältester Sohn Victor wurde 1876 in Dresden geboren. Nach dem Studium der Rechtswissenschaften in Freiburg, Berlin und Halle begann der 22-jährige seine Bankerlaufbahn, zunächst bei Keßler & Co. in New York, danach bei Loewe in Berlin und schließlich in der Dresdner Bank, deren Leipziger Filiale er leitete. Im Jahre 1914 zog der promovierte Jurist als Nachfolger seines Vaters in das Bankhaus in der König-Johann-Straße (heute Wilsdruffer Str.) ein. Victor v. Klemperer saß in zahlreichen Aufsichtsräten vornehmlich der Textilbranche, des Maschinenbaus, von Brauereien, Papier-und Zigarettenfabriken und setzte damit das Werk seines Vaters und der Dresdner Bank, die heimische Industrie zu finanzieren, erfolgreich fort. Die Technische Hochschule verlieh ihm den Titel eines Ehrensenators. Wie sein Namensvetter und TH-Professorenkollege wurde von Klemperer nach der Machtergreifung der Nationalsozialisten gemieden, gedemütigt und schließlich vertrieben. Es verschlug ihn nach Bulavayo in Südrhodesien, wo er 1943 verstarb. Das Grab des Vaters befindet sich auf dem Jüdischen Friedhof, Fiedlerstraße.

Nach dem Zusammenbruch des „Dritten Reiches" bemühten sich die Klemperer-Erben vergeblich um die Rückgabe vor allem der einmaligen Inkunabeln, der Wiegendrucke. Die meisten befinden sich heute noch als Beutegut in der ehemaligen Lenin-Bibliothek in Moskau. 1990 schließlich übergab die Sächsische Landesbibliothek den rechtmäßigen Erben 295 Werke aus der Sammlung von Klemperer mit einem Schätzwert von etwa zwei Millionen Mark.

Die Grabstätte Gustav von Klemperers auf dem Jüdischen Friedhof Fiedlerstraße.

Karl Schmidt-Hellerau

DER HOLZ-GOETHE
MIT DER SCHRAUBZWINGE

Der Gründer der Deutschen Werkstätten, so schrieb der Architekt Prof. Fritz Schumacher, sei ein merkwürdiger Mann gewesen. Mehr Agitator als Handwerker, habe er experimentierfreudigen Idealismus mit ausgeprägtem Amerikanismus verbunden und so wesentlich zum „Wunder von Hellerau", dieser humanen Symbiose von Wohnen, Arbeiten und Kunst, beigetragen.

Die ehemaligen Werkstätten von Karl Schmidt.

Karl Camillo Schmidt wurde 1873 als Sohn eines Webers in Zschopau geboren. Er schloss eine Tischlerlehre in Chemnitz ab, ging auf berufliche Erkundungsreise nach Skandinavien und England und arbeitete danach in Bremen und Berlin. Anschließend ließ er sich in Dresden nieder und erhielt eine Anstellung als Werkmeister in der Tischlerei Gottschalk in der Trompeterstraße, einer heute überbauten Nebenstraße der Prager Straße. 1898 eröffnete der Gründer-Aktivist in Laubegast eine Werkstatt mit zwei Angestellten. Seine Kleinmöbel, die dem Trend im Kunsthandwerk entsprachen, sorg-

Blick in den Hauptsaal der Galerie Arnold, 1907.

Furnierstuhl aus den Deutschen Werkstätten Hellerau. Entwurf Erich Menzel, 1950/51 (Seite 192)

Die „Deutsche Werkstätten Hellerau GmbH" heute.

ten 1902 in der Galerie Arnold für Aufsehen. Wenige Jahre später wirkten in Schmidts Firma, die nun in Striesen stand, bereits 500 Mitarbeiter.

In dieser Zeit gelang es Karl Schmidt, den Münchner Architekten, Maler und Raumausstatter Richard Riemerschmid für seine Gartenstadtidee zu gewinnen. Dessen Schwester Frieda gewann er für eine Lebensgemeinschaft. Mit Riemerschmid und Wolf Dohrn gründete Schmidt die Gartenstadt-Gesellschaft Hellerau. Im Gesamtkunstwerk Gartenstadt fanden die „Hellerauer Werkstätten für Handwerkskunst" einen idealen Standort. Die von Riemerschmid entworfene Fabrikanlage am Moritzburger Weg ent-

Ludwig Gutbier, Leiter der Galerie Arnold, 1928.

stand in den Jahren 1909/10. Bereits drei Jahre zuvor waren aus der Fusion mit den Münchner „Werkstätten für Wohnungseinrichtungen" die „Deutschen Werkstätten" hervorgegangen. Ab 1913 führte Schmidt das Unternehmen als Aktiengesellschaft weiter.

Für die Güte ihrer nun überwiegend maschinell gefertigten Produkte, der Möbel und kompletten Innenausstattungen, die sachlich betont und zunächst dem Jugendstil zugewandt waren, garantierten Designer wie Adelbert Niemeyer oder Heinrich Tessenow. Die Maschinenmöbel, die Richard Riemerschmid in Hellerau entwarf, waren die ersten in Serie gefertigten Einrichtungsgegenstände in Deutschland überhaupt. Und so trugen Hellerauer Möbel das Gütesiegel deutscher Wertarbeit in die Welt hinaus. Dem bis ins hohe

Helleraus „Beim Gräbchen", Architekt Herrmann Muthesius.

196

Vorderfront des Hellerauer Festspielhauses.

Alter unermüdlichen Reformer und sozial engagierten Unternehmer wurden wiederholt Anerkennung und Ehrung zuteil. Zum 65. Geburtstag verlieh man ihm den Namen „Schmidt-Hellerau". Der Volksmund nannte ihn „Holz-Goethe".

Die neuen Machthaber enteigneten den Betrieb, den der verdienstvolle und geschätzte Reform-Vater von Hellerau über Jahrzehnte geleitet hatte, bereits im Juli 1946. 50 Jahre hatte der Avantgardist seiner Branche in Dresden gewirkt, nun verwehrte man ihm sogar den Zutritt zum Werk. Zwei Jahre noch lebte er verbittert und einsam in Hellerau. Am 6. November 1948 starb Karl Schmidt und wurde auf dem alten Friedhof von Klotzsche begraben.

Das einst „volkseigene" Traditionsunternehmen ist seit 1992 als „Deutsche Werkstätten Hellerau GmbH" wieder in besten privaten Händen. Die „Schraubzwinge", wie sie die alteingesessenen Hellerauer nennen, gilt heute als deutscher Marktführer des „gehobenen Innenausbaus".

Hans Stosch-Sarrasani

DER ZIRKUSKÖNIG
VOM CAROLAPLATZ

Am 22. Dezember des Jahres 1912 eröffnete Hans Stosch-Sarrasani mit einem zirzensischen „Gruß aus Dresden" seine „Arena der Fünftausend", den weißen Kuppelbau am Carolaplatz. Vor der Premiere hatte der „alleinige Direktor und Eigentümer des Circus Sarrasani" verkündet, bei der Erbauung des Dresdner Zirkusgebäudes habe ihn der Ehrgeiz beseelt, das künstlerisch schönste und technisch vollkommenste Zirkus-Theater der Welt zu schaffen. Illusionen und Sensationen gehören schließlich zur Zirkuswelt.

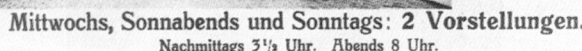

=== Täglich abends 8 Uhr: **Große Gala-Vorstellungen.** ===

Mittwochs, Sonnabends und Sonntags: 2 Vorstellungen.
Nachmittags 3½ Uhr. Abends 8 Uhr.

Sarrasanis weißer Kuppelbau am Carolaplatz, der einstige Stammsitz der Dresdner Zirkuslegende (oben), und der imposante Zirkusbau bei nächtlicher Beleuchtung, 30-er Jahre (unten).

Und wie die meisten Großen der Zirkuswelt hatte der am 2. April 1873 im schlesischen Lomnitz geborene Hans Erdmann Franz Stosch von der Pieke auf Zirkusluft geschnuppert, war als 15-jähriger durchgebrannt, zog darauf zunächst als Stallknecht und dann als Dressurclown durch die Lande. Seinen Namen will er im Halbschlaf „aus

Flammen und Sand" geträumt haben. Vielleicht war es auch Balzacs Novellendame Sarrasine, die ihn als Muse geküsst hatte.

Vom Vater Albert, dem kleinen Landgutbesitzer und Glasfabrikanten, könnte Hans Organisationstalent und Geschäftssinn (dazu ein kleines Vermögen) geerbt haben sowie die Tugend der Sparsamkeit. Der junge Sarrasani, der später auch als Steuerfuchser zu (Un-) Ruhm kam, verwirklichte jedenfalls im ersten Jahr des neuen

Die Innengstaltung des Zirkus-Winterbaues wirkte mit seiner feenhaften Beleuchtung geradezu überwältigend und war des damaligen Direktors Hans Stosch-Sarrasani neueste Schöpung auf dem Gebiet der Zirkusbauten.

Jahrhunderts in Radebeul zielstrebig seinen Traum vom eigenen Zirkus. Zur Premiere in Meißen am 30. März 1902 präsentierte Stosch-Sarrasani den Superlativ vom größten und elegantesten Zirkus Europas mit 3 600 Zeltplätzen und der ersten elektrischen Beleuchtung in Deutschland.

Dann ging er auf jene von Schicksalsschlägen begleiteten Reisen, deren Beschreibung inzwischen Bände füllt. Zweimal verlud er seinen gesamten Zirkus für Südamerikatourneen auf Schiffe. Das trans-

portable Winterzelt für
6 000 Besucher und der
Automobilzirkus mit
175 Fahrzeugen hatten
keine Konkurrenz auf
dem Kontinent. Sarra-
sanis Werbeslogan von
den „Tausend techni-
schen Tricks" nahm Ge-
stalt an. In seinem Pri-
vatleben war er nachge-
rade spartanisch und
ließ allen Gewinn in
sein Lebenswerk ein-

fließen. Der Zirkus-
vater scheute kein Ri-
siko und war ein ewi-
ger Neuerer mit der
Vision, den Zirkus als
Gesamtkunstwerk und
mit ihm ein „Theater
des Volkes" schaffen zu
können.

Als der Prinzipal
während der Amerika-
reise am 21.September

Sarrasani-Gedenkstein von Vinzenz Wanitschke am
Carolaplatz.

1934 starb, leitete Hans Stosch jun. das Unternehmen und nach dessen frühem Tod 1941 Ehefrau Trude. In der Nacht der Vorstellung
vom 13.Februar ging auch der „absolut feuerfeste Bau" in Flammen
auf. Der klangvolle Name aber blieb, überdauerte mit clownesken
Bocksprüngen und Rangeleien um Namen und Besitz die Zeiten
und weckt immer wieder Hoffnung auf Neubeginn am alten Ort.

Julius Ferdinand Wollf

VERLEGER, KRITIKER, HYGIENEFREUND

Wisst Ihr denn, wie man eine Zeitung macht? Jede Nummer ist eine Schlacht!" Professor Wollf wusste es. Als er 1925 sein Gedicht „Die Zeitung" für ein Dresdner Pressefest veröffentlichte, hatte er als Chefredakteur schon unzählige Leitartikel geschrieben, als Kenner der Dresdner Theaterszene eine Fülle profunder und hoch geschätzter Rezensionen verfasst.

Der 55-jährige stand damals als zweiter Vorsitzender an der Spitze des Vereins Deutscher Zeitungsverleger. Und er hatte ein Herz

für Dresden. Als Freund, Testamentsvollstrecker und Biograf Lingners („Lingner und sein Vermächtnis",1930) engagierte sich Wollf für die hygienische Volksaufklärung und den Bau des Hygiene-Museums. Man schätzte den Chef der Dresdner Neuesten Nachrichten im Verband Sächsischer Industrieller oder im gemeinnützigen Rotary-Club. Bereits 1916 hatte ihn der sächsische König mit dem Professorentitel geehrt.

Julius Ferdinand Wollf wurde 1871 in Koblenz geboren, studierte in seiner Heimatstadt unter anderem Kunst- und Literaturgeschichte, arbeitete danach in Karlsruhe am Theater als Dramaturg und ver-

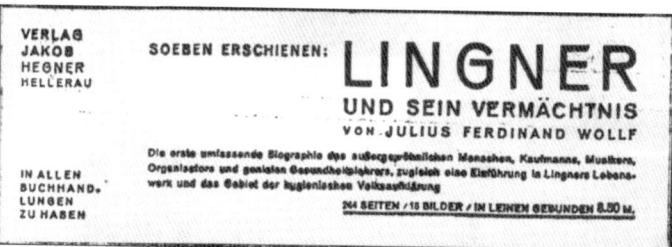

Verlags-Ankündigung der Wollf'schen Lingner-Biografie „Lingner und sein Vermächtnis" (oben) und das ehemalige Verlagsgebäude der Dresdner Neuesten Nachrichten am Ferdinandplatz (links).

suchte sich mit dem Lustspiel „Badisch Blut" als Stückeschreiber. Der Bühnenkritiker lag Wollf mehr, und so arbeitete er seit der Jahrhundertwende für August Hucks Münchner Zeitung. 1903 übertrug der Presse-Gigant dem talentierten Redakteur die Geschäftsleitung seiner Dresdner Niederlassung, die sich nun „Verlag Neueste Nachrichten, Wollf & Co" nannte. Kurz darauf übernahm Wollf auch die Chefredaktion der DNN, später erwarb er Verlagsanteile von bescheidenen 7,5 Prozent.

Genau 30 Jahre leitete Wollf die neben dem Dresdner Anzeiger bedeutendste Tageszeitung der Stadt am Strom. Mit ihm kam frischer Wind auf im bürgerlichen Blatt. Wollf schätzte und pflegte

Graf Seebachs Abschied 1919. Zeichnung von G. Erler. Seebach hatte am Dresdner Hoftheater die konservative Spielplanung überwunden und es der modernen Dramatik geöffnet. Trotz der revolutionären Ereignisse blieb er noch bis 1919 Generaldirektor des neuen Landestheaters.

das pointierte Feuilleton, den Plauderstil in der über Jahrzehnte gern gelesenen lokalen Wochenschau „Rund um den Kreuzturm".

Er unterhielt beste Beziehungen zu Graf Seebach, dem Intendanten des Hoftheaters. Seine Theaterrezensionen waren für das konservative Dresden eher progressiv mit einem Wohlwollen für gesellschaftskritische Stücke. Die frühen Kritiken sind in Wollfs Werk „Aus zehn Dresdner Schauspieljahren" (1913) enthalten.

Dann kamen die Nationalsozialisten und bestimmten, wer Jude war. Professor Wollf, jüdischer Abstammung, jedoch zum Christentum übergetreten und aktives Mitglied der Dresdner Christusgemeinde Strehlen, musste Abschied nehmen von seiner geliebten Zeitung und von allen öffentlichen Ämtern. Daran änderten auch vaterländische Meriten wie das Sächsische Kriegsverdienstkreuz von 1918 nichts. Er wurde zur Unperson. Schikanen setzten ihm zu. Dr. Karl Laux, DNN-Redakteur seit 1934, schrieb in seiner Autobiographie „Nachklang" (1977), eines Abends seien SS-Leute in Wollfs Wohnung eingedrungen, hätten die Antiquitätensammlung an die Wand geschmissen, das Ehepaar mit Meißner Porzellan beworfen.

Das Redaktionsgebäude (oben) und Titelseite (unten) der „neuen" Dresdner Neuesten Nachrichten, die nach der Wende aus der Fusion von UNION, Sächsischem Tageblatt und Sächsischen Neuesten Nachrichten hervorging.

Am 1. März 1942 schieden der Professor und seine Frau Sophie geb. Gutmann mit einer Dosis Gift aus dem unerträglich gewordenen Leben. Bruder Max Wollf, kaufmännischer Leiter der DNN, erhängte sich. Vetter Karl Wollf, Dramaturg am Schauspielhaus, war rechtzeitig emigriert. Julius Ferdinand Wollf, ein deutscher Patriot, ein Christenmensch und ein Journalist aus Leidenschaft! „Ich möcht auf der Welt nichts anderes sein", endete sein Gedicht von der Zeitung.

Franz Joseph Koch

DOKTORINGENIEUR FÜR TRAFOS UND GEIGEN

Koch & Sterzel, jedem Altdresdner ein Begriff und weltweit ein Gütezeichen. „TuR" - Trafos und Röntgenapparate. Aber Geigen? Ein Misston in der Branche. Und dennoch, Professor Dr.-Ing. Franz Joseph Koch gelangte auch mit Streichinstrumenten zu Weltruhm. In seinen Mußestunden nämlich widmete er sich dem Klanggeheimnis der alten italienischen Meistergeigen. Ein Studium alter Schriften sowie beharrliche Versuche führten Koch zu einem speziellen Verfahren der Holzveredlung an einfachen Instrumenten von Geigenbauern aus Markneukirchen.

Prüftransformator 600 kV/2,4 MVA aus dem Jahre 1963 (oben) sowie die Porträts von Franz Josef Koch (Seite 211, oben) und Kurt August Sterzel.

Ab 1927 betrieb der „Trafo-Professor" zunächst auf der Prager Straße seine Firma „Geigenbau Prof. F.J.Koch GmbH". Und „Koch-Geigen" erklangen in aller Welt. Einen wesentlichen Gewinn jedoch hat das kleine Unternehmen mit seinen drei bis fünf Mitarbeitern nie abgeworfen. Den brachte die „Koch & Sterzel AG".

Franz Joseph Koch, 1872 in Chemnitz geboren, wuchs in einem musisch aufgeschlossenen Elternhaus auf. Er beherrschte schon als Schüler mehrere Instrumente, besuchte das Realgymnasium und begann in Berlin eine kaufmännische Lehre. In dieser Zeit kam seine technische Begabung zum Durchbruch. Nachdem er umfangreiche Kenntnisse auf elektrotechnischem Gebiet erworben hatte, überraschte Koch im Jahre 1903 die Fachwelt mit einem Patent für einen Hochspannungsgleichrichter. Nachdem der 30-jährige mit weiteren Pionierleistungen vor allem auf dem Gebiet der Röntgentechnik aufwartete, verließ er den Vertreterberuf, beteiligte sich in Chemnitz an einem Unternehmen („Nostiz & Koch") und kam nach Dresden.

Mit seinem Freund, dem Chemiker Kurt August Sterzel, gründete er am 1. Oktober 1904 mit einem bescheidenen Betriebskapital

von 20 000 Mark und zehn Mitarbeitern seine Firma auf der Zwik-
kauer Straße. Im Jahre 1920 wurde das Unternehmen in eine Aktiengesellschaft umgewandelt. Zwei Jahre darauf entstand auf dem
Gelände des ehemaligen Luftschiffhafens das Werk Kaditz-Übigau
mit der Transformatorenproduktion. 1939 beschäftigten
„Koch & Sterzel" 1 800 Mitarbeiter. Und als Koch am 26. Juni 1941
starb, genoss die Firma Weltruf auf dem Gebiet der Elektromedizin
und im Transformatorenbau.

Koch arbeitete auf dem Gebiet der Hochspannungs- und Röntgentechnik eng und bahnbrechend mit der Technischen Hochschule zusammen. Das Kgl. Ministerium verlieh ihm bereits 1913 den Professorentitel, die Technische Hochschule Dresden 1926 den Dr.-Ing.
ehrenhalber. Die TH Stuttgart machte Koch 1929 zum Ehrensenator.

Das Röntgenwerk auf der Zwickauer Straße wurde von Bomben
zerstört, das unversehrte Trafowerk von den Besatzern demontiert,
1948 zum Volkseigentum erklärt und in den folgenden Jahrzehnten
zu einem Großbetrieb mit sieben Zweigbetrieben und insgesamt
5 000 Mitarbeitern aufgebaut. Traditionelle Bereiche werden heute
von der Siemens-AG weitergeführt.

Heinsius von Mayenburg

ROSENSCHLÖSSER
UND LEO-WERKE

Nicht marode und verschlossen wie das benachbarte „Lingnerschloss", sondern fein saniert und offen für zahl-kräftige Zecher und Hotelgäste präsentiert sich Schloss Eckberg. Und nobel residierte hier die Prominenz bereits in guten alten Zeiten. Mit einem „Leb wohl, o Erde…" verließen im Jahre 1925 Opernliebling Tino Pattiera und seine Gräfin Schaffgotsch den Eckberg.

Dann zog Dr. Ottomar Heinsius von Mayenburg in das jüngste der Loschwitzer Elbhangschlösser ein – und mit ihm eine wahre „Blüte"-Zeit. Der neue Schlossherr schuf hier in den wenigen Jahren, die ihm noch blieben, ein Blumenparadies ohnegleichen und öffnete es an Sonn- und Feiertagen für den Besucher.

Zehntausende kamen allein im Frühjahr, um die Krokus- und Märzenbecherwiesen zu erleben. Im Sommer beherrschte die Rose in allen Farben und Formen das Revier. Vom Ufer der Elbe aus leuchtete weithin sichtbar die legendäre Rosenmauer. Noch heute kündet auf der Terrasse Sascha Schneiders

Con el uso
diario de Chlorodont
el dentifrico de fama mundial
Vuestra sonrisa
os dará belleza
da a los dientes la
blancura de las perlas
Concesionario de venta:
BARCELONA

CHLORODONT
Chlorodont

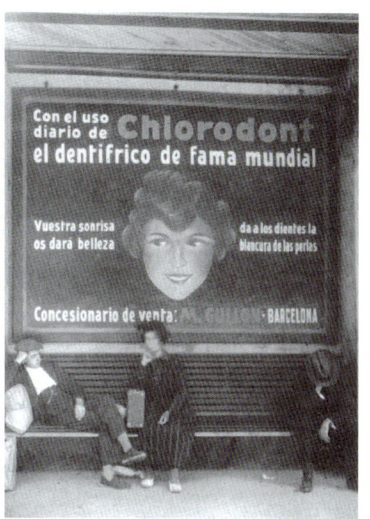

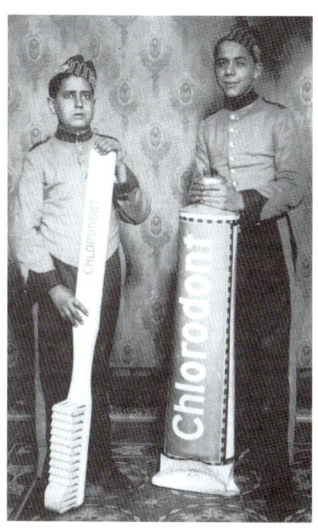

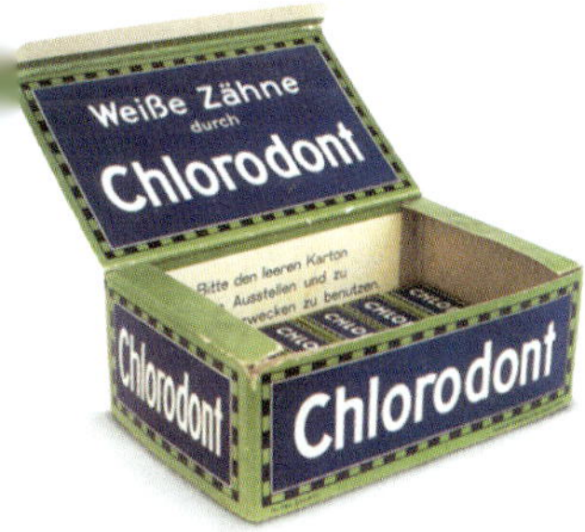
Weiße Zähne
durch
Chlorodont
Chlorodont
Chlorodont

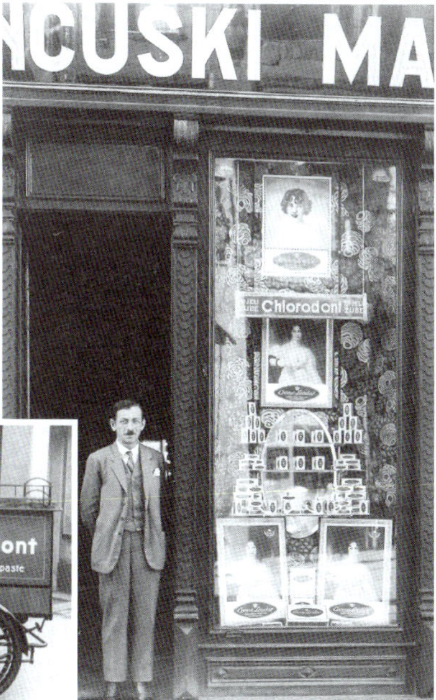
Chlorodont

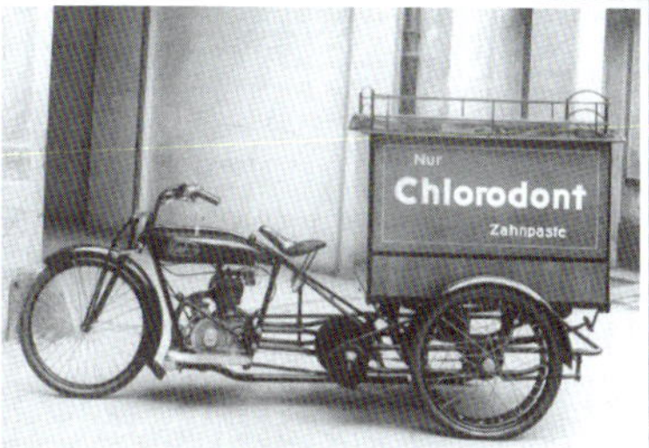
Nur
Chlorodont
Zahnpaste

In den 60-er Jahren wurden in Dresden neue Marken entwickelt, die bis heute beliebt sind.

„Sonnenanbeter", der Arme und Antlitz gen Himmel erhebt, von Mayenburgs tiefer Naturverbundenheit.

Der promovierte Botaniker und sächsische Heimatschützer hat als Unternehmer weltweit Ruhm erworben. 1865 in Schönheide im Erzgebirge geboren, studierte der Beamtensohn in Leipzig Pharmazie und Botanik. Eine Zeit lang arbeitete von Mayenburg an der Dresdner Hofapotheke in der Schloßstraße, bevor er 1907 die Löwenapotheke am Altmarkt pachtete. In einem Labor im Dachstübchen der Apotheke entstanden damals die ersten Tuben Zahnpasta. Es war die Geburtsstunde der „Leo-Werke" und des Markenzeichens Chlorodont. Drei Mitarbeiter gingen von Mayenburg zur Hand. Nach dem Umzug des „Laboratoriums Leo" auf die Königsbrücker Straße waren es bald Hunderte.

Das Unternehmen, inzwischen eine Aktiengesellschaft mit Generaldirektor von Mayenburg an der Spitze, expandierte. Die Firma verfügte über eine eigene Tuben- und Kartonagenfabrik, eine Destillationsanlage für Pfefferminzöl, ja sogar eine eigene Pfefferminzplantage in Siebenbürgen, mit der sie kostkostspielige Importe umging. Weltweit entstanden „Chlorodont"-Niederlassungen von Chicago bis Moskau. Der sozial gestimmte Zahnpastamillionär, Blumenfreund und Kunstmäzen, der sich auch um Erhalt und Pflege von Schloss Kuckuckstein bei Liebstadt verdient machte, starb kurz nach dem 25-jährigen Betriebsjubiläum, am 24.Juli 1932, auf seinem Sommersitz Roseneck am Wörther See.

Im Jahre 1925 erwarb Heinsius von Mayenburg das Loschwitzer Elbhangschloss „Eckberg" und ließ es mit einer pächtigen Parkanlage ausgestalten, heute Hotel und öffentliches Restaurant (links).

Sascha Schneiders (1870–1927) Statue „Sonnenanbeter" auf der Schlossterrasse erinnert an den naturverbundenen Schlossherrn (rechts).

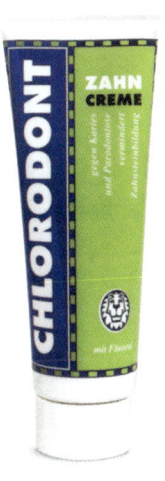

1950 wurde das Unternehmen von „volkeigener" Treuhand verwaltet, zwei Jahre später enteignet, zunächst unter VVB Sapotex, dann als VEB Elbe-Chemie weitergeführt. 1990 ging der Betrieb in die Dental-Kosmetik GmbH über. Neuer Gesellschafter seit 1992 ist die ARGENTA München, die zuvor mit von Mayenburgs Erben die Reprivatisierung eingeleitet hatte. Und ewig blitzen die Chlorodont-Zähne.

Hugo Zietz

SALEM ALEIKUM
IN DER TABAKMOSCHEE

S alem Aleikum, (ewiger) Friede sei mit Dir, spricht aus einer
Todesanzeige in den Dresdner Neuesten Nachrichten. Am
8. September 1927 sei der Sächsische Geheimrat, Königlich Bulgarische Generalkonsul a.D. und Ritter pp. Hugo Zietz auf
dem Johannisfriedhof beigesetzt worden, und zwar ganz im Sinne
des Entschlafenen in aller Stille, so geben Hedwig Zietz und Hugo
Zietz jun. bekannt. Ein bescheidenes und zurückhaltendes Wesen
habe den Verstorbenen bis in seine letzten Tage begleitet, heißt es
dann auch in einem Nachruf. Aus kleinsten Anfängen heraus habe

sich Zietz zu einem der bedeutendsten Führer der deutschen Zigarettenindustrie emporgearbeitet.

Aus Braunschweig stammend, war Hugo Zietz zunächst als Handlungsreisender tätig, ließ sich darauf in Dresden nieder und begann hier Zigaretten zu produzieren. Er wechselte mehrmals die Fabrikationsstätten, die ihm bald zu klein wurden. Der Unternehmer, dem man außergewöhnliche Tatkraft und Umsicht bescheinigte, ließ 1908 seine „Tabakmoschee", die „Orientalische Tabak- und Cigarettenfabrik Yenidze", errichten, gründete Niederlassungen in Seifhennersdorf, Danzig, Memel und Köln.

In der „Illustrierten Zeitung - Das Königreich Sachsen" von 1913 heißt es, im Konkurrenzkampf der deutschen Zigarettenindustrie gegen die Übermacht anglo-amerikanischer Trusts sei es von besonderem Interesse, dass die „Yenidze" als größte Zigarettenfabrik in deutschem Privatbesitz gelte und absolut trustfrei arbeite. Im Jahre 1925, mit 68 Jahren und schwer erkrankt, setzte sich Zietz zur Ruhe und verkaufte sein Imperium an eine Gesellschaft.

Der Tabakpionier produzierte bereits als „Hoflieferant S.M. des Königs von Sachsen" weltbekannte Marken wie Salem Aleikum oder Salem Gold auf hohem

technischen Niveau. Zigarettenhülsen zum Beispiel wurden von Spezialmaschinen aus bis zu 1 500 Meter langen Papierstreifen geschnitten und zugleich mit Firmen- und Markennamen bedruckt. Auch verfügte das Werk über eine eigene Kartonagenfabrikation.

Die feineren Zigarettenmarken wurden handgefertigt, billigere maschinell. Eine geschickte Handarbeiterin kam bei neunstündiger Arbeit auf 2 000 Zigaretten täglich, Zietz' Maschine schaffte 200 000 Stück. Auch mit seinen hygienischen und sozialen Einrichtungen stand der Zigarettensultan damals auf der Höhe seiner Zeit. So verfügte das Werk über eine Entstaubungs- und Lufterneuerungsanlage, einen Speisesaal für 1 000 Personen mit Dampfwärmapparaten oder eine Ruhehalle für die Mittagszeit mit Sofas und Liegen.

Aus der „Hugo-Zietz-Stiftung", anläßlich des Besuchs von König Friedrich August 1910 ins Leben gerufen, wurden auf alleinige Kosten der Firma eine Lebensversicherung für langjährige und verheiratete Beamte sowie Prämien an Arbeiter für treue Dienste gewährt. Besondere Verdienste soll der Unternehmer für „Wohltätigkeit auf allen Gebieten" während der Zeit des Weltkrieges erworben haben.

Die Villa Zietz, 1912 von Max Herfurt im historisierenden Stil errichtet, steht unter Denkmalschutz.

Hugo Zietz wohnte mit seiner Familie fernab von „blauem Dunst" im Grünen am Heiderand in der Villa Am Hochwald 1, in der bis 2002 jahrzehntelang eine Kindertagesstätte untergebracht war.

Melitta Bentz

DUFTES PATENT
EINER KAFFEE-SÄCHSIN

Mehr als 300 Jahre schon schlürften die Europäer ihren aus schwarzen Bohnen gebrühten Muntermacher. Da kam Melitta Bentz. Die Haufrau aus Dresden verstand es, aus dem Kaffeesatz zu lesen und fand: Der muss 'raus aus der Tasse! Sie hielt die groben Keramik- oder Metallsiebe für „kalten Kaffee", nahm eine Blechdose, durchlöcherte deren Boden zu einem siebartigen Gefäß, legte ein rund geschnittenes Löschblatt aus dem Schulheft ihres Buben darauf. Damit trennte die pfiffige Dresdnerin

Einer der Melitta-Vorführdienste in den 60-er Jahren, den sich die bundesdeutschen Kaffeeschlürfer nicht entgehen ließen. Schlürften sie bei dieser Gelegenheit doch etwa zwei Millionen Tassen des Muntermachers.

den Kaffee rest- und mühelos von seinem Satz und erzielte einen Duft und einen Geschmack, von dem es später heißen wird: „Lieblicher als tausend Küsse - Kaffee mit Melitta".

Zur Herkunft der er-
finderischen Hausfrau
und zu ihrem Leben vor
dem Filter ist so gut wie
nichts bekannt. Alle gro-
ßen Lexika wurden ver-
mutlich von Teetrinkern
verfasst. Erfinder mit einem „t" im Benz führen
sie nicht. Wir wissen, dass
Melitta Bentz am 31.Ja-
nuar 1873 geboren wurde
und zur Zeit ihrer Erfin-
dung mit ihrem Mann
Hugo und den Söhnen

Willy und Horst auf der Marschallstraße 31 in der Johannstadt wohnte. Die im Krieg zerstörte Straße verlief etwa wie die heutige Flori-
an-Geyer-Straße.

Unter obiger Anschrift ließ sich Melitta Bentz, geb. Liebgen unter ihrem Namen am 15.Dezember 1908 ins Dresdner Handelsregi-
ster eintragen. Wie staunten da die Beamten! Auch in den Patent-

blättern des Kaiserlichen Patentamtes in Berlin waren patente Frauen bis dato kaum zu finden. Nun hieß es auf Seite 1145: „Unter Gebrauchsmusterschutz steht ein Kaffeefilter mit auf der Unterseite gewölbten und mit Vertiefung versehenen Boden sowie mit schräg gerichteten Durchflusslöchern einschließlich Filterpapier." Welch kaffeegeschmacklose Formulierung!

Die Bentzens begannen mit einem Startkapital von 73 Reichspfennig als klassisches Familienunternehmen, produzierten zunächst in der Johannstädter Wohnung. 1915 wurde es dort zu eng, nachdem sie mit eigener Filterfabrikation begonnen hatten. Familie Bentz verlagerte ihren Wohn- und Betriebssitz nach Trachau auf die Wilder-Mann-Straße 11-13. In dieser Zeit erschienen die ersten wilden Nachahmer auf dem Markt. Melittas Antwort war 1925 das Filter-Gütezeichen in der noch heute typischen rot-grünen Verpackung. Und ab 1932 warb das Unternehmen mit dem charakteristischen Melitta-Schriftzug, der 1937 seinen eleganten Schliff erhielt.

Da wohnte und produzierte die Dresdner Unternehmerfamlie bereits im kaffeefreundlichen Minden in Westfalen und lieferte ihre neuen Filtertüten in alle Welt. Am 29. Juni 1950 starb die Firmengründerin. Die Söhne und Enkel führten das Lebenswerk fort mit technischen Neuerungen bis auf den heutigen Tag, die da heißen ungebleichte Filtertüten (1989) und Aromafliespapier (1997).

Die Stadt, in der Großmutter Melitta das Kaffeetrinken revolutionierte, haben die vier Enkel nicht vergessen. Jörg Bentz übergab 1994 Kurt Biedenkopf eine Spende für das „Blaue Kreuz" in Dresden. Gegen „ä Schälchen Heeßn" nach Melittas Art hat der Abstinenzlerbund keine Einwände.

Johan Steenbergen

DER FOTOGRAFIERENDE HOLLÄNDER

Kine Exakta" hieß die Foto-Sensation der Leipziger Frühjahrsmesse 1936. Sie war die erste Kleinbildspiegelreflex-
kamera der Welt mit perforiertem Kinefilm in der Patro-
ne. Und sie kam aus Dresden, aus dem „Ihagee Kamerawerk
Steenbergen & Co." Die Kamera war das Lebenswerk von Steenbergens Konstrukteur Karl Nüchterlein (1904-45).

Johan Steenbergen, der 1886 im holländischen Meppel als Sohn
eines Textilfabrikanten geboren wurde, kam 1908 nach Dresden, um

Die Ihagee-Kamerawerk Steeenbergen & Co. auf der Schandauer Straße , 1923 (oben), Musterkamera der „Kine Exakta" von 1935 (rechts unten) und „Kine Exakta" als erste einäugige Kleinbild-Spiegelreflexkamera der Welt (Seite 230).

sich in der hiesigen Textilbranche umzuschauen. Als bald darauf sein Vater starb, widmete sich der junge Steenbergen seiner heimlichen Leidenschaft, der Fotografie. Als Volontär bei Heinrich Ernemann befasste er sich wie sein Vorbild mit technischen Dingen und erwarb schon 1910 sein erstes Reichspatent. Da Steenbergen auch kaufmännisches Talent bewies, entschloss er sich, Ernemann zu verlassen und am 13. Mai 1912 mit einem Startkapital von nur 26 000 Mark in einer Löbtauer Tischlerei eine eigene Firma zu gründen. 1913 entstand der Firmenname „Ihagee" aus „ Industrie- und Handelsgesellschaft m.b.H."

Das Werk wuchs, wechselte mehrmals seinen Standort, der sich ab 1924 im Dresdner „Fotoviertel" auf der Schandauer Straße 24 und mit einem Zweigwerk auf der Augsburger Straße befand. Inzwischen hatte die „Ihagee" 500 Beschäftigte, die mit der „Plan-Paff-Reflex" (1922) oder der „Luxus-Roll-Paff-Reflex" (1927) Spiegelreflexkameras (Boxform) auf Weltniveau produzierten. Nüchterleins letzte Kreation vor der Zerstörung des Werkes war die 1939 der Öffentlichkeit vorgeführte „Exakta 6x6" mit einem Aufzugshebel für den Filmtransport und einem eleganten Erscheinungsbild.

Johan Steenbergen, der sein Werk inzwischen zu 30 Prozent vergesellschaftet hatte, stand im Ruf eines fähigen und korrekten Unternehmers. Er lebte einfach und trat bescheiden auf. Als Chef besaß er nicht einmal einen Dienstwagen und fuhr von seiner Wohnung auf der Marschnerstraße zum Werk mit dem Fahrrad. Er war eben ein Holländer, ein Schotte nicht. 1929 wurde Steenbergen zum niederländischen Honorarkonsul in Dresden ernannt. Die NS-Justiz und -Administration erklärte mit Beginn des Zweiten Weltkrieges das Werk zum „Feindvermögen", ließ 1942 Steenbergens Kapitalanteil beschlagnahmen, von einem Treuhänder verwalten und stellte auf Rüstungsproduktion um.

Immerhin gelang es Steenbergen, dem bald auch der Zutritt zu seinen Konsularräumen in der Firma verwehrt wurde, eine Stiftung zu gründen, aus der bis 1948 noch Gelder ausgezahlt wurden. Mitte 1943 emigrierte der Unternehmer, der mit einer Frau jüdischen Glaubens verheiratet war, in die Vereinigten Staaten. 1967 starb er in Osnabrück.

Die Firma, die nach der Zerstörung auf der Blasewitzer Straße unterkam, widerstand als ausländisches Eigentum der drohenden Enteignung. Dennoch wies die Sowjetische Militärverwaltung im Herbst 1946 eine Befragung der Betriebsangehörigen an. Diese entschieden sich aber mit großer Mehrheit gegen die Verstaatlichung. Später übernahm der „VEB Pentacon" (Name seit 1959) die Produktion der „Ihagee" und weiterer vier Kamerabetriebe Dresdens.

Wolfgang Filzinger

FRONTMANN DER DOKUMENTAR-FILMKUNST

Im Frühjahr 1920 hatte sich das Palmenhaus der Villa Hart-
mann am Laubegaster Ufer in ein Filmatelier verwandelt. Mit
dem „Geiger von Meißen" wollte das neu gegründete Studio
„Saxonia" in das große Filmgeschäft einsteigen. Vor der Kamera Alice
Verden und Erich Ponto, die Stars vom Schauspielhaus. Hinter der
Kamera Wolfgang Filzinger, der auch die technische Oberleitung
des ehrgeizigen Projekts übernommen und mit allerlei Tücken des
Objekts zu kämpfen hatte. Der Geiger blieb stumm und unvollen-

Szenenfoto mit Erich Ponto und Alice Verden in dem Filzinger-Film „Der Geiger von Meißen" (oben und Seite 234) und Wolfgang Filzinger mit einer „Ernemann A" 1915 im Schützengraben (Seite 235).

det. Wolfgang Filzinger aber ging als Filmpionier aus Dresden in die Geschichte des dokumentarischen Films ein.

Der Filmemacher wurde am 25.Mai 1889 als Sohn des Chemikers Dr. Fritz Filzinger in Dresden geboren. Er besuchte das König-Georg-Gymnasium in der Johannstadt, studierte danach Elektrotechnik in Lausanne und Berlin und arbeitete bis 1914 als Elektroingenieur. Während des Weltkrieges stand der damals 26-jährige mit einer „Ernemann A" mitten im Kampfgeschehen „bei unseren Sachsen an der Front" - so der erste Film von 1915. Während eines Fronturlaubs im Herbst 1917 gründete er die „Gefilge", „Gesellschaft für wissenschaftliche und industrielle Filmaufnahmen mbH". Mit technisch bescheidenen Mitteln entstanden die ersten Kurzfilme

Die „Geiger"-Protagonisten in einer Drehpause: Erich Ponto, Alice Verden, Hedda Lembach, Ferdinand Robert und Wolfgang Filzinger (von links nach rechts).

über Nachrichten-
truppen und nach
1918 über friedliche-
re Objekte wie die
Talsperre Malter. Ein
anderer Streifen führ-
te „Kreuz und quer
durch die Kunststadt
Dresden" (1919).

Während der Infla-
tionszeit 1922 nahm
Villa Hartmann, Elbseite.
Filzinger vorübergehend eine Stellung als Oberingenieur bei den
Ernemann-Werken an, wo er die Abteilungen Zeitlupe und Ton-
film leitete. Ab1923 widmete sich Wolfgang Filzinger auch dem
Trickfilm und zu Beginn der 30er Jahre gleichzeitig mit der „Agfa"
dem Farbfilmverfahren. Bis 1944 drehte die „Gefilge" in ihren Stu-
dios auf der Pillnitzer Straße, dann in Klotzsche etwa 50 Kulturfil-
me. Zu den bekanntesten zählte „Redende Steine", über die 2 000-
jährige Steinmetzkunst, ausgezeichnet mit dem Prädikat „künstlerisch wertvoll". Er lief im Beiprogramm zu Heinrich Georges „Der
Postmeister" (1939).

Die wenigen überlieferten Filme liegen heute fast nur als Ni-
trokopien vor und sind unaufführbar. Filzingers großes Vorhaben,
mit den Dokumentarwerken „Durch Nacht und Licht" sowie „To-
tenklage und Weckruf der Lebenden" seiner zerstörten Heimatstadt
ein filmisches Denkmal zu setzen, blieb unvollendet. 1951 erlag er
einem Herzleiden.

Sohn Ulrich Filzinger (geb.1929), der sein Handwerk als Kame-
ramann im Gorbitzer DEFA-Studio erlernt hatte, führte das selbst-
ständige Unternehmen zunächst in Dresden weiter, übersiedelte, um
der Enteignung zu entgehen, nach Berlin, München und schließlich
nach Mörfelden-Walldorf in Hessen, wo sich die „Filzinger Film-
und Fernsehproduktion" als wahrscheinlich älteste der Branche noch
heute vor allem mit Kultur- und Werbefilmen einen Namen macht.

Charles A. Noble

EIN AMERIKANER
IN DRESDEN

D as Gerücht war bösartig, und Max Seydewitz hat es in
die Welt gesetzt. In seinem Buch „Die unbesiegbare
Stadt" unterstellte er dem Niedersedlitzer Kamera-
produzenten Charles Noble, er habe im Februar 1945 das Zeichen
zur Zerstörung Dresdens gegeben und in seiner Villa San Remo das
grauenhafte Schauspiel der auflodernden Flammen und den Zusam-
mensturz der kostbaren Kulturdenkmäler genossen.

Das heutige „Kamerawerk Dresden" auf der Bismarckstraße 56 in Niedersedlitz (links).

Titelblatt einer Broschur von John Noble, in der er sein und seines Vaters Schicksal im berüchtigten Lager Mühlberg schildert (rechts unten).

Villa San Remo am Dresdner Luisenhof (Seite 238).

John und Charles Noble (Seite 239).

Charles Alfred Noble – was wollte „ein Amerikaner in Dresden" wirklich? Karl Spanknöbel wurde 1892 in der Nähe von Kassel geboren. Er hatte sieben Geschwister, wurde streng religiös erzogen und sollte eigentlich Priester oder Missionar werden. Der Krieg aber gab Karls Lebenslauf eine andere Richtung. Mit seiner Frau, einer Fotografin, wanderte er in die Schweiz und 1921 nach Amerika aus, wo er zunächst dem deutschen Namen amerikanischen Schliff gab. Nach harten Jahren in Detroit gelang es den Nobles, am Ende der Depression ein Fotolabor aufzubauen, das bald zu den größten des Landes zählte.

1937 las Charles Noble in einer Detroiter Zeitung, dass ein gewisser Benno Thorsch aus Dresden seine Kamerafabrik zum Verkauf anbot. Benno Thorsch und Paul Guthe hatten 1919 ihre „Dresdner Kamerawerkstätten" gegründet und waren zu Beginn der 30-er Jahre mit hochwertigen Spiegelreflexkameras erfolgreich. Die NS-Machthaber allerdings hatten an den Geräten etwas für sie Grundlegendes auszusetzen. Deren Produzent Paul Guthe war ein Jude. Er konnte 1937 gerade noch dem Zugriff der Gestapo entkommen. Benno Thorsch, jüdischer Abstammung, folgte ihm bald in die

Schweizer Emigration. Die Begegnung mit Charles Noble in Detroit bedeutete für Thorsch die Existenzrettung. Und der Vertrag, den beide schlossen, war mehr als ein bloßer Besitztausch. Noble, der erfahrene Kaufmann, erkannte den hohen Marktwert der Kleinbildkameras, modernisierte und erweiterte den Betrieb und schuf vor allem ein förderliches Arbeitsklima. „Man kann keine Verantwortung erwarten, wenn man keine Verantwortung vergibt", war sein Leitsatz. Zur Frühjahrsmesse 1939 in Leipzig sorgte Nobles „Praktiflex" für Aufsehen. Dann kam der Krieg, und mit dem Eintritt der USA 1941 zwang man den Unternehmer, die Produktion zu drosseln und für die Rüstung zu arbeiten. Die Nobles wurden wie andere Personen aus „Feindesland" schikaniert, durften beispielsweise nur in einem bestimmten Geschäft einkaufen. Und am 13. Februar 1945 bangte die Familie Noble wie Hunderttausende Dresdner im Luftschutzkeller um Besitz und Leben.

Charles Nobles Sohn John, damals 20 Jahre alt, hisste beim Einmarsch der Sowjets auf „San Remo" die US-Flagge. Am 5. Juli wurden Vater und Sohn verhaftet und im berüchtigten Todeslager Mühlberg interniert. Über Buchenwald gelangte John Noble in den sibirischen Gulag Workuta. Sein Vater, 1952 aus Waldheim entlassen, bemühte sich über zahlreiche Petitionen, den Sohn frei zu bekommen. Schließlich gelang dies 1955, nachdem Noble die Presse mobilisiert und Präsident Eisenhower sich für die Freilassung eingesetzt hatte.

Charles A. Noble war noch viele Jahre als Berater in der Fotoabteilung bei General Motors tätig. Er starb 1983 in Detroit. Sir John kehrte nach 50 Jahren in die Stadt seiner Jugend zurück und begann das Wagnis, auf einem übermächtigen Markt seine Kameras unterzubringen.

(5717) Samtkleid, Japanische Form, breite Taffetblenden mit Soutache-
Verzierung . . . . Mk. 145.—
(7706) Flotter Winterhut aus feinstem Seidenfilz. Mit Flügeln und
Band garniert . Mk. 40.—

(5718) Jackett-Kostüm aus Tuch. Jackett auf Seide gearbeitet. Jackett-
Länge 90 cm Mk. 65.— : 105 cm Mk. 68.—
(7707) Moderner Hut, Glockenform. Mk. 68.— : (7708) Collier aus Stein-
marder, 2,50 m lang. Mk. 325.— : hierzu Muff, Mk. 120.—

Haupt-Katalog Nr. 21
Der nächste, Nr. 22 erscheint im März 1908

Preis: Mk. —.75
Für die Kunden der Firma unberechnet.

Verlag vom Modewarenhaus ADOLPH RENNER, DRESDEN, Altmarkt 12

Martin Renner

NASEN-ADOLPH -
DER RENNER AM ALTMARKT

Trug der Kaufhausgründer etwa einen „Gesichtserker"? Oder waren Pappnasen eine Spezialität des Hauses? Mitnichten! „Auf Nase kaufen" hieß in der Sprache der zwanziger Jahre auf Raten kaufen, „auf Pump". Und Renners Kreditangebote waren verlockend in so kargen Zeiten. Da konnte man schon in Kaufrausch geraten, wenn man in nur eines der 60 Schaufenster blickte.

Außenansicht des Kaufhauses Renner an der Südseite des Altmarktes (oben), Lichthof mit Rolltreppe 1929 (rechts oben) und Verkaufsquittung vom 31. März 1939 (rechts unten).

Das Konsumparadies mit dem Rennpferd im Firmenzeichen bestand aus einem reizvollen Komplex von 12 architektonisch verschiedenen Bürgerhäusern, von denen zwei sogar über die Schreibergasse hinweg durch eine Passantenbrücke verbunden waren. 1929 beschäftigte Renner 1 200 Angestellte in 55 Fachabteilungen. Der Kunde betrat zunächst einen prachtvollen Lichthof mit zwei Galerien. Von da aus führten Rolltreppen in die vier Verkaufsetagen. Renners rollende Treppen beglückten mehrere Kindergenerationen.

Doch auch ein Renner hatte das Laufen erst einmal lernen müssen. Das war 1854, als Johann Traugott Adolph Renner im Eckgebäude Badergasse /Altmarkt ein kleines Textilgeschäft eröffnete, aus dem nach und nach das Warenhaus hervorwuchs. Dabei, so erinnerte sich Adolph Renners Sohn Martin, sei bei all diesen Erweiterungen nie irgend jemand ausgemietet worden. Vielmehr sei man mit Gebäudeangeboten stets an die Renners herangetreten.

Martin Renner wurde 1864 geboren und trat als 21-jähriger in die väterliche Firma ein, die er nach dem Tod des Begründers im Jahre 1897 zunächst mit dem älteren Bruder (gestorben 1909) gemeinsam leitete. Zum 75-jährigen Betriebsjubiläum konnte Martin Renner eine stolze Bilanz ziehen, Dresdens beliebtestes Kaufhaus sein Eigen nennen und Mitarbeiter wie Freunde zu einer Festvorstellung

ins Opernhaus einladen. Über dem Hauptportal des Kaufhauses am Altmarkt war zu lesen: „Hier schuf 1820 C.M. von Weber den Freischütz". Und dieser stand folgerichtig auf dem Festprogramm. Fritz Busch dirigierte, Karl Pembauer leitete die Chöre und Friedrich Plaschke sang den Kaspar, Max Lorenz den zweiten Jägerburschen, Elisa Stünzner die Agathe.

Als der Firmenchef 1939 starb, hieß es in einem Nachruf der „Kaufhaus Renner GmbH", der Verstorbene habe in über 50-jähriger genialer schöpferischer Tä-

tigkeit das Haus Renner, an dem er mit ganzem Herzen hing, zu heutiger Größe gebracht. Der Betriebsführer, so die verordnete NS-Sprachregulierung, sei ein leuchtendes Beispiel für Pflichterfüllung sowie väterlicher Fürsorge für seine Gefolgschaft gewesen. Für ihn habe stets das Goethewort, „des Mannes höchste Zierde ist die Tat", gegolten. Bereits 1929 hatten die Firmeninhaber 500 000 Goldmark in eine Pensionskasse eingezahlt, einige Jahre später die Betriebserholungsstätte Schwarzbachtal eröffnet.

Martin Renners Sohn Herbert musste dann den Untergang des Hauses erleben: die Notzeit des Krieges, die Zerstörung in der Bombennacht von 1945, den mühseligen Neubeginn in der Königsbrücker Straße 56, die Schikanen der neuen Machthaber und schließlich die Enteignung der Grundstücke am Altmarkt.

Und dann kam nach 1990 die allerletzte große Enttäuschung für die Erben um Herbert Renners Tochter Annelies Klostermann. Die

Verkaufsraum für Damenkonfektion in der zweiten Etage, 1920 (oben).

Renner-Katalog zur Frühjahrs-/ Sommer-Kollektion 1930 (rechts oben)

Werbung mit Renner-Logo (rechts unten).

Stadt gab die Grundstücke nicht zurück. Mit einem Rückkauf aber war die Familie überfordert. Ohne eigene Grundstücke lässt sich die Legende von Renner am Altmarkt also nicht mehr beleben.

LITERATURVERZEICHNIS

AG für Glasindustrie, Broschüre Dresden 1913

Klaus-Peter Arnold: „Dresden Porzellan, Geschichte einer Manufaktur", Dresden 1996

Arzneimittelwerkes Dresden GmbH, Prospekt 1994

Manfred Bachmann, Monika Tinhofer: „Osterhase, Nikolaus & Zeppelin", Husum-Verlag 1998

„Bierling-Tag" in Dresden 1996, Presseinformationen

„Familie Blochmann, Unternehmer und Erfinder", Sonderausstellung im Stadtmuseum Dresden 2001

„Chlorodont - Biographie eines deutschen Markenproduktes", Dental-Kosmetik GmbH Dresden

„Deutsche Biographische Enzyklopädie", K.G.Saur, München, 90-er Jahre

„Dresdner Kunstbuch" 1927, „Aus der Geschichte alter Dresdner Firmen"

„Dresdner Neueste Nachrichten" (1893 -1943), „Dresdner Anzeiger"

„Dresdner Neueste Nachrichten" (Serien „Von Gehe bis Renner – Unternehmer in Dresden", „Dresdner weltweit" und weitere heimatgeschichtliche Beiträge)

Hilmar Dressler: „Familiengeschichten vom Loschwitzer Elbhang", Elbhangkurier 6/1989

„Eine Tinte von Weltruf", in: „Illustrierte Zeitung – Das Königreich

Sachsen", Dresden 1913

Filzinger Film- und Fernsehproduktion, Mörfelden-Walldorf

Jens Fritzsche: „Die Dresdner Neuesten Nachrichten und Julius Ferdinand Wollf", Diplomarbeit, Universität Leipzig 1996

Gebrüder Pfund, Prospekt „Der schönste Milchladen der Welt"

GEHE AG, Prospekt „Gehe hat Tradition"

Ernst Günther: „Sarrasani wie er wirklich war", Henschelverlag, Berlin 1985

Heimatmuseums Maxen, Prospekt „25 Jahre Arbeit"

Jürgen Helfricht: „Friedrich Eduard Bilz - der legendäre sächsische Naturheiler, Schriftsteller und Unternehmer…", in: „Sächsische Heimatblätter" 4/1994

Richard Hummel: „ Spiegelreflexkameras aus Dresden – Geschichte, Technik , Fakten" , Edition Reintzsch, Leipzig 1995

Eberhard Irmer: „Glasmachen in Dresden", in: „Dresdner Geschichtsbuch 6", DZA-Verlag Altenburg 2000

Jehmlich Orgelbau Dresden GmbH, Prospekt Dresden 2002

„Juden in Sachsen - Ihr Leben und Leiden", Evangelische Verlagsanstalt, Leipzig 1994

Herbert Kiesewetter: „Bruno Naumann - ein feudalisierter Unternehmer?" in: Sächsische Heimatblätter 1991

„Koch & Sterzel, Transformatoren- und Röntgenwerk, Siemens – 90 Jahre am Standort Dresden - Festschrift 1904-1994", Siemens AG Dresden-Übigau 1994

Fritz Kreutzkamm: „Die Chronik des Hauses Kreutzkamm", München 1975

Carl Lieber: „Der Altmarkt und das Haus Herzfeld", in: Jahrbuch „Deutschland 1913"

Fritz Löffler: „Lebensbilder", in: „Sächsische Wirtschaftsführer", Dresden 1941

A.R.Lux, Dieter Prskawetz: „Blasewitz im historischen Elbbogen", B-Edition, Dresden 1994

Melitta Unternehmensgruppe GmbH Minden

Horst Milde: „Entdeckungen und Erinnerungen zum Thema Bad Weißer Hirsch", Dresden 1996

Manfred Mühlner über Gustav und Victor von Klemperer, in: „Dresdner Hefte - Sammler und Mäzene in Dresden", Heft 49, 1997

„Neue Deutsche Biographie", Humblot Verlag, Berlin, 50-er Jahre

Sieglinde Nickel: „Von Manufacturiers, Fabrikanten und Handwerkern" in: „Dresdner Geschichtsbuch 2", DZA-Verlag Altenburg 1996

John Noble: „Verhaftet - verbannt - verleugnet", Faith & Freedom Forum, Muncy Pa. USA

Frank Pawasser: „Die Bettenhausens", in: „Dresdner Morgenpost", 5.6.1993

Peter Peschel: „Karl Schmidt und seine Werkstätten für Handwerkskunst" in: „Dresdner Hefte -Gartenstadt Hellerau", 51/ 1997

„Sächsische Arbeiterzeitung"

„Sächsische Lebenbilder: Bruno Naumann", Dresden 1930

Ludwig Sartori: „Die Industrie der Nähmaschinen, Fahrräder und Schreibmaschinen in Dresden", in: „Buch der Stadt Dresden", 1930

Ramona Schäfer und Torsten Titze: „Druck und Verlag C.C.Meinhold & Söhne, GmbH Dresden - Einblick in das Leben und Wirken der Familie Meinhold", Studienarbeit, TU Dresden, 1994

Bernhard Sorms: „Friedrich von Heyden - Begründer der größten chemischen Fabrik in Sachsen", in: „Sächsische Heimatblätter", Dresden 1991

„Stadtlexikon Dresden", Verlag der Kunst, Dresden - Basel, 1994

Holger Starke: „Dampfchocolade, Neumünchner Bier, allerfeinster Korn und der Duft des Orients", in: „Dresdner Geschichtsbuch 1", DZA Verlag, Altenburg 1995

Otto Trautmann: „H.W. Calberla und sein Dampfschiff in Dresden 1835", in: „Dresdner Geschichtsblätter" 3/1916

Dr. Günther Voigt Edition „Lebenserinnerungen eines Königlich-Sächsischen Hofphotographen", Dresden 1996

Sabine Wenzel, Broschüre zur Ausstellung „Villa Salzburg", Dresden 1995

Peter Wilhelm: „Alte Nähmaschinen", Mecke Druck und Verlag, Duderstadt 2002

BILDNACHWEIS

Archiv Arzneimittelwerk Dresden GmbH *142, 144*

Archiv Angelika M. Bettenhausen *174, 175, 176*

Archiv Clemens, Pirna *85*

Archiv Deutsches Hygiene-Museum *12*

Archiv „Dresdner Neueste Nachrichten" *26, 204, 205, 206, 207*

Archiv Dr. Hilmar Dressler, Sprecher der Erbengemeinschaft Leonhardi, *81*

Archiv DREWAG - Stadtwerke Dresden GmbH *32, 33*

Archiv GEHE AG *54, 55, 56, 57, 58, 59*

Archiv Heimatmuseum Maxen / Dr. Lothar Bolze *98, 99, 100*

Archiv Heimatmuseum Wilsdruff *115*

Archiv Jehmlich Orgelbau Dresden GmbH *22, 23, 24*

Archiv Annelies Klostermann, geb. Renner *245, 246, 247*

Archiv Lingner *13, 14, 15*

Archiv Meinhold & Söhne *18, 20*

Archiv Gebr. Pfund *153, 154, 155, 156, 157*

Archiv Porzellan-Manufaktur Dresden *126, 127, 128, 129, 130, 131*

Archiv Hans-Jürgen Sarfert *194*

Katalog zur Aussstellung „Villa Salzburg, Tiergartenstraße 8, Dresden" *139, 140*

Fritz Kreutzkamm: „Die Chronik des Hauses Kreutzkamm", München 1975 *43, 44, 45, 46, 47*

Postkartensammlung Peter Leuter *Titel, 10, 38, 78, 80, 83, 96, 97, 108, 124, 152, 156, 158, 160, 172, 178*

Carl Lieber: „Der Altmarkt und das Haus Herzfeld", Jahrbuch Deutschland (1913) *171*

Werner Lieberknecht 154, 157

Melitta Unternehmensgruppe GmbH Minden *224, 225, 226, 227, 228, 229*

John Noble: „Verhaftet - verbannt - verleugnet", Faith & Freedom Forum, Muncy Pa. USA *239, 241*

„Sächsische Arbeiterzeitung" (August 1891) *169*

Sächsische Heimatblätter *17, 109, 123, 143*

Sächsische Landesbibliothek - Staats- und Universitätsbibliothek Dresden, Deutsche Fotothek *31, 61, 65, 192*

Sächsisches Wirtschaftsarchiv Leipzig *95, 189*

Stadtarchiv Dresden *159, 221*

Stadtarchiv Radebeul *183, 184*

Stadtmuseum Dresden *27, 91, 167*

Robert Sterl: Carl Christian Meinhold (Repro) *19*

Technische Sammlungen Dresden *48, 49, 50, 51, 52, 53, 84, 87, 111, 112, 230, 231, 232, 233*

Siegfried Thiele *16, 25, 29, 52, 59, 60, 67, 71, 76, 79, 88, 90, 92, 101, 113, 137, 138, 145, 146, 150, 156, 161, 165, 186, 195, 203, 209, 223, 237, 238, 240;* Repros *62, 69, 70, 94, 177, 182, 185, 222*

Verlag Theodor Steinkopff, Dresden *35*

Uwe Zimmer *30, 42, 47, 63, 68, 74, 162*